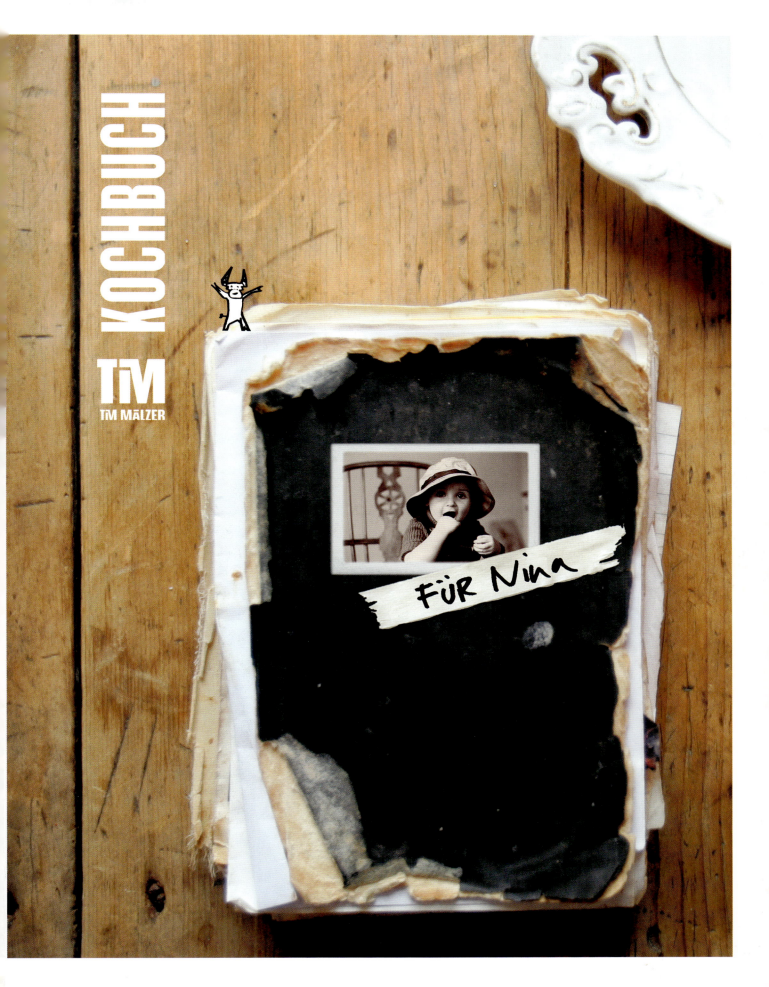

1. Auflage
© 2007 Wilhelm Goldmann Verlag, München, in der Verlagsgruppe Random House GmbH

REDAKTIONELL VERANTWORTLICH FÜR DEN INHALT: Tim Mälzer
IDEE & KONZEPT: Tim Mälzer, Marlo Scheder-Bieschin, Antje Klein, weissraum.de(sign)° – Lucas Buchholz & Bernd Brink
PROJEKTLEITUNG: Antje Klein, Hamburg, Frank Meyer, Hamburg
TEXT UND REZEPTTEXTE: Antje Klein, Rainer Meidinger, Hamburg
REZEPTENTWICKLUNG: Tim Mälzer, Rainer Meidinger, Tom Rossner, Hamburg
ART-DIRECTION: Anja Laukemper, Hamburg
DESIGNBERATUNG: weissraum.de(sign)° – Lucas Buchholz & Bernd Brink
FOTOGRAFIE: Marlo Scheder-Bieschin, Hamburg
UMSCHLAGFOTO: Phillip Rathmer, Hamburg
FOODSTYLING: Tim Mälzer, Rainer Meidinger, Tom Rossner, Hamburg
STYLING: Marlo Scheder-Bieschin, Hamburg
REQUISITE: Antje Klein, Hamburg
UMSCHLAGGESTALTUNG: weissraum.de(sign)° – Lucas Buchholz & Bernd Brink
ILLUSTRATION: weissraum.de(sign)° – Nikolaus von Zitzewitz
LAYOUT UND SATZ: Anja Laukemper, René Niemann, Hamburg
LIEFERANTEN: Fleischerei Quast: Meyerstraße 21, 21075 Hamburg, Viola's Gewürze und Delikatessen: Eppendorfer Baum 43, 20249 Hamburg, Hummer, Lerch und Co (Fisch): Große Elbstraße 178-210, 22767 Hamburg, Lüschen (Gemüse): Alsterdorfer Straße 61, 22299 Hamburg
REPRODUKTION: Wahl Media GmbH, München
DRUCK UND BINDUNG: MOHN Media GmbH, Gütersloh
Printed in Germany
ISBN: 978-3-442-39124-0

www.tim-maelzer.de
www.mosaik-goldmann.de

FSC Mix
Produktgruppe aus vorbildlich bewirtschafteten Wäldern und anderen kontrollierten Herkünften
Zert.-Nr. SGS-COC-1425
www.fsc.org

Verlagsgruppe Random House FSC-DEU-0100
Das für dieses Buch verwendete FSC-zertifizierte Papier Opus Praximatt (FSC) liefert Condat, Frankreich

TIM MÄLZER - KOCHBUCH

KULINARISCHE ERINNERUNGEN	6
MILCHPRODUKTE	11
SALAT / GEMÜSE	35
FISCH / MEER	75
FLEISCH	121
GEFLÜGEL	173
SAUCEN / DRESSINGS	197
KARTOFFELN	219
REIS / PASTA	239
BROT / KUCHEN	255
SCHOKOLADE	281
DANKE	300
REGISTER	302
DAS KOCHBUCH - TEAM	312

Kulinarische Erinnerungen

Was genau ist eigentlich ein Kochbuch? Wenn man sich mal schlau macht, dann lassen sich viele einer der folgenden drei Gruppen zuordnen: 1. sachliche, umfangreiche Rezeptsammlungen für Profiköche, 2. Leitfäden für Koch-Anfänger, die auch Basiswissen zu Kochtechniken und Lebensmitteln bieten und 3. Kochbücher im Erzählstil mit viel Bildmaterial.

... das klingt theoretisch und erstmal gar nicht lecker. Was ein Kochbuch eigentlich sein sollte: eine Sammlung von Lieblingsrezepten, die Geschichten erzählen, die beim Durchblättern Erinnerungen wecken und sofort ein bisschen nach früher schmecken. Das Kochbuch, das Sie gerade in Ihren Händen halten, hat für mich etwas von einem Fotoalbum; es erzählt aus dem Leben. Wer darin blättert, fühlt sich in Kindheit und Jugend zurückversetzt, als es ganz normal war, nach Hause zu kommen und den vertrauten Geruch des Leibgerichts schon im Hausflur zu riechen.

Logisch, dass ich Ihnen in diesem Buch nur die guten Erinnerungen serviere, schließlich soll das Ganze ja schmecken. Obwohl, so ganz stimmt das nicht. Denn als ich ungefähr sechs Jahre alt war, bestand meine Mutter darauf, dass ich die Rinderzunge verzehre, die sie gekocht hatte. Ich stellte mir vor, dass die armen Kühe nun ohne Zunge auf der Weide stünden, und sie taten mir so leid, dass ich mich hartnäckig weigerte, das Gericht zu essen. Als ich viele Jahre später dann das Kochhandwerk erlernte, blieb mir allerdings nichts anderes übrig als zu probieren. Der einmalige Geschmack und die Zartheit des Fleisches haben mich sofort überzeugt. Genau deshalb finden Sie das Rezept auch in diesem Buch:

Ich möchte Ihnen alle Vorbehalte gegenüber kulinarischen Experimenten nehmen und Ihre Lust am Ausprobieren wecken. Denn erst dann macht Kochen richtig Spaß!

Auf Kriegsfuß stand ich lange Zeit auch mit Lamm. In Griechenland, in einer dieser Ferienanlagen, wo mit einfachsten Mitteln riesige Touristenmeuten verpflegt werden, habe ich vor Jahren zum ersten Mal Lamm gegessen. Es war zäh und ledrig, und für den Geschmack konnte ich mich überhaupt nicht begeistern. Richtig losgelassen hat mich der Lammbraten aber trotzdem nicht, weshalb ich anfing, damit zu experimentieren. Ergebnis meiner Feldforschung: Lammfleisch muss zuerst kräftig angebraten und dann bei

Retter des guten Geschmacks

niedriger Temperatur im Ofen geschmort werden. Sie werden staunen, wie saftig und aromatisch es dann ist.

Wie die meisten Kinder habe auch ich vieles von meiner Familie mit auf den Weg bekommen. Die für mich besten Bouletten der Welt gibt es in meinem Elternhaus. Wenn ich früher welche mit in die Schule nahm, habe ich selbst nur selten davon abbekommen, denn alle waren scharf darauf. Also habe ich sie meistbietend versteigert und dafür Panini-Aufkleber und Süßigkeiten eingeheimst. Die meisten denken ja, dass man bei Frikadellen nicht viel falsch machen kann. Doch das ist ein großer Irrtum. Je simpler die Sache, desto wichtiger sind Sorgfalt und beste Zutaten.

Simpel ist auch der Gedanke, eine Frau mit Kochkünsten zu beeindrucken. In Wirklichkeit ist es eines der schwierigsten Unterfangen, das haben Sie ja vielleicht auch schon einmal festgestellt. Klar ist allerdings, dass Frauen verwöhnt werden wollen, also muss das Essen nicht aufwändig, sondern vor allem eins sein - gut. Pasta ist deshalb immer eine sichere Nummer, aber besser mit Knoblauch und Chili als mit einer fertigen Tomatensoße. Einen Rumkrieger-Tipp habe ich noch: Beim Dessert schwöre ich auf weiße Schokomousse.

Auch wenn ich persönlich am liebsten in großer Runde für viele Leute koche, sind alle Rezepte in diesem Kochbuch für vier Personen. Damit es überhaupt zustande kommen konnte, brauchte es eine Menge Leute. Damit später für jeden etwas dabei ist, wollten wir so viele Ideen wie möglich zusammentragen. Nicht immer war es ganz einfach, aber alle hatten ein Ziel: ein Buch voller Lieblingsrezepte. Schon als wir das erste Mal zusammen saßen, war klar, dass wir alles wollten. Die Fleischfraktion bestand zum Bespiel auf Schweinebauch, weil der so einfach und so unglaublich lecker ist. Die Vegetarier im Team schluckten tapfer und konterten mit großartigen Gemüseklassikern wie Sellerieschnitzel, ein simples Rezept, das fast jeder von uns aus Kindertagen kennt.

Zunächst wurden alle Vorschläge und Rezepte gesammelt – Sie, unsere Leserin und unseren Leser, haben wir dabei nie aus den Augen verloren. Wenn uns ein Rezept zu abgedreht oder aufwändig erschien oder schlicht und ergreifend nicht hinhaute,

haben wir es vereinfacht und optimiert, damit Ihnen diese Pannen nicht passieren. Dazu haben wir alle Rezepte von Hausfrauen testen lassen. Unsere engagierteste »Hausfrau« war Eric, seines Zeichens leidenschaftlich kochender Medizinstudent. Logisch eigentlich, dass er sich als erstes über das Fleischkapitel hermachte und Schwein, Rind und Lamm geschickt mit dem Skalpell zerlegte. Ihm hat das Ganze so viel Spaß gemacht, dass er auch bei den Fotoaufnahmen zum Buch oft vorbeikam.

Viele und vor allem sehr gute Rezepte und Erinnerungen habe ich von Reisen mitgebracht. So oft ich kann, bin ich unterwegs und genieße das Leben an verschiedenen Orten. Wir sitzen dann mit vielen Leuten um einen Tisch, essen leckere lokale Gerichte, trinken tollen Wein und reden die ganze Nacht. Im Urlaub habe ich zum ersten Mal den Trampo-Mallorquine, einen phantastischen Sommer-Salat, gegessen und ihn sofort in meine Favoritenliste aufgenommen. Übrigens war meine Lieblingsinsel viele Jahre die Heimat unserer Food-Friseuse Rainer. Er war während der Produktion stets der Ruhepol, ihm ist es nie zu heiß geworden. Anders ist es meinem Kumpel Max ergangen. Er war der Küchenchef, als wir bei mir zu Hause die Fotos für die Kapitel Brot & Kuchen und Schokolade geschossen haben. Das Thema Backen liegt mir selbst ja leider nicht so sehr, so hatte der Arme ganz schön zu schuften – seitdem ist er für mich der Weltmeister im Backen.

Das Endergebnis kann sich nun wirklich sehen lassen – jedes Kapitel enthält nur handverlesene Lieblingsrezepte. Uns hat die Arbeit an diesem Kochbuch jedenfalls sehr viel Spaß gemacht, und wir würden uns freuen, wenn unsere Geheimformeln ganz schnell einen Platz in Ihrer ganz eigenen Kochgeschichte fänden. Jetzt haben Sie es selbst in der Hand!

Gruß, Tim

MILCHPRODUKTE
Wer meint, dass hier nur Milchbubis etwas finden, hat sich geschnitten. Schließlich fängt Milch bei Quark und Joghurt an und hört erst bei Käse wieder auf. Die beinahe unerschöpfliche Vielfalt habe ich in Desserts, Getränke, Kuchen, Fondue und Käse-Variationen gesteckt und bestimmt für jeden Geschmack etwas herausbekommen. Endlich mal eine Milchmädchenrechnung, die aufgeht!

Der weiße Zaubertrank

WOHER KOMMT DENN DIE KOKOSMILCH? EINFACHE FRAGE, EINFACHE ANTWORT: SO WIE ES BRAUNE KAKAOKÜHE UND LILAFARBENE SCHOKOLADENKÜHE GIBT, GIBT'S NATÜRLICH AUCH DIE WEISSE KOKOSKUH. SPASS BEISEITE: EIGENTLICH TRÄGT DIE KOKOSMILCH IHREN NAMEN ZU UNRECHT, DENN WAS SICH IN DEUTSCHLAND MILCH NENNEN DARF, KOMMT AUSSCHLIESSLICH VON SÄUGETIEREN. DESHALB WIRD BEI UNS SOJAMILCH ALS »SOJADRINK« BEZEICHNET. DASS SIE DENNOCH IN DIESEM KAPITEL EINE ROLLE SPIELT, LIEGT DARAN, DASS SICH SOJAMILCH IN VIELEN KÜHLSCHRÄNKEN MITTLERWEILE EINEN FESTEN PLATZ EROBERT HAT.

MILCH IST EINE GLAUBENSFRAGE. Die einen schütteln sich bei dem Gedanken an zähe Haut auf Kakao, andere werden allein bei dem Gedanken an Mutters heiße Milch mit Honig wieder gesund. Wer keine reine Milch mag, kann dennoch ein Fan von Milchprodukten sein: Magermilch- und Sahnejoghurt, Cottage Cheese und Höhlenkäse, Sahne und Crème fraîche – was wäre das Kühlregal ohne die Kühe? Die Vielfalt an Milchprodukten ist paradiesisch. Und so werden sie hergestellt:

SAHNEPRODUKTE entstehen aus dem Rahm von Milch, deren Fettgehalt bei mindestens 10 Prozent liegt. Mit diesem hohen Fettgehalt sind sie perfekte Geschmacksträger in der Küche.

SAUERMILCHPRODUKTE (zum Beispiel Joghurt, Dickmilch und Kefir) und Frischkäse entstehen durch Milchsäuregärung. Dazu werden der Milch spezielle Milchsäurebakterien zugesetzt, die einen Teil des Milchzuckers in Milchsäure umwandeln und so dem Joghurt seinen unverwechselbaren Geschmack geben. Milchsäure macht Milchprodukte bekömmlicher und kalorienärmer, sie fördert die Verdauung und die Aufnahme von Mineralstoffen. Achtung bei Kefir: Durch den Zusatz von Hefen bildet sich zusätzlich Alkohol. Kinder sollten deshalb grundsätzlich nur »Kefir mild« trinken, der ohne Hefekulturen hergestellt wird.

H-MILCH wird nicht nur pasteurisiert, sondern zusätzlich ultrahoch erhitzt. Dadurch verlängert sich ihre Haltbarkeit extrem – ideal also für Einkaufsmuffel.

VORZUGSMILCH ist die einzige echte Rohmilch, die ursprünglich und unbehandelt in den Handel kommt. Bauernhöfe, die Vorzugsmilch liefern dürfen, unterliegen besonders strengen hygienischen Anforderungen.

So bekommt die Milch ihr Fett weg

STAMMT MILCH MIT 3,5 PROZENT FETTGEHALT VON DICKEREN KÜHEN ALS MAGERMILCH? Natürlich nicht! Der natürliche Fettgehalt schwankt zwischen 3,8 und 4,4 Prozent. Erst in der Molkerei wird Milch zu fettarmer Milch mit 1,5 oder sogar nur 0,5 Prozent Fettgehalt und zu 3,5-prozentiger Vollmilch. Der Fettgehalt der Milch ist also einfach zu benennen – im Gegensatz zu Gouda, Edamer & Co. Hier wird der Fettgehalt als »Fett i.Tr.« ausgewiesen – und das ist schlicht und ergreifend Käse! Fett i.Tr. bedeutet »Fett in der Trockenmasse« und gibt den Fettgehalt des Käses an, nachdem man ihm das Wasser entzogen hat. Wirkliche Aussagekraft hat diese Kennzeichnung nicht, denn ein Weichkäse hat natürlich einen viel höheren Wassergehalt als ein Hartkäse. Da bleibt viel weniger »Trockenmasse« übrig. Ein Weichkäse mit 45 Prozent Fett i. Tr. ist tatsächlich weniger fett als ein Hartkäse mit 45 Prozent Fett i.Tr. ALSO: NICHT IRRITIEREN LASSEN, SONDERN EINFACH GANZ TAPFER DEN KÄSE KAUFEN, DEN MAN AM LIEBSTEN MAG!

Wer Milch sagt, muss auch Kuh sagen?

WENN WIR »MILCH« SAGEN, DENKEN WIR AUTOMATISCH »KUH«. Unsere südeuropäischen Nachbarn sind da toleranter: Sie haben mit Milch von Ziegen oder Schafen weit weniger Berührungsängste als wir – und liegen damit genau richtig. Köstlicher Roquefort aus Frankreich, würziger Feta aus Griechenland oder kräftiger Pecorino aus Italien stellen den Genuss unter Beweis. Dass die kasachische Küche auf Kumys, gegorene Stutenmilch, schwört, sei nur nebenbei erwähnt. Ganz zu Unrecht führt die Schafsmilch bei uns ein Schattendasein: Sie hat einen extrem hohen Nährwert, so ist etwa ihr Vitamin-A-Gehalt dreimal höher als der von Kuhmilch. Man sagt der Schafsmilch eine krebshemmende Wirkung und einen positiven Effekt bei Neurodermitis nach.

SO GESUND MILCH AUCH IST – nicht jeder verträgt diesen Zaubertrank. Bekannt ist unter anderem die Laktose-(Milchzucker-)Intoleranz, das heißt, die Bestandteile der Milch werden im Körper – meist mit zunehmendem Alter – nicht genügend aufgespalten. Die Folge sind Verdauungsstörungen und Magenschmerzen. Die Industrie hat deshalb laktosefreie Milch auf den Markt gebracht. Ihr wird ein Enzym zugesetzt, das den Milchzucker leichter verdaulich macht. Allerdings schmeckt diese Milch besonders süß. Auf Nummer sicher geht man beim Kauf von Sojamilch, einem pflanzlichen Produkt, das aus Sojabohnen hergestellt wird. Sojamilch enthält wie die Kuhmilch einen 3,5-prozentigen Anteil an Proteinen, außerdem zwei Prozent Fett und 2,9 Prozent Kohlenhydrate. In der japanischen Küche wird Sojamilch auf viele Arten verwendet, in unseren Kochtöpfen hat sie zunächst in Form von Tofu Einzug gehalten.

So gesund ist Milch

Milch und ihre Verwandten sind echte Energiebomben: Eiweiß, Kalzium, Magnesium, Jod, Vitamin A und verschiedene B-Vitamine machen Milch zu einem Fitnessdrink – und das bei nur 460 Kalorien pro Liter (bei fettarmer Milch!). All das steckt übrigens auch in der H-Milch, die von Spöttern gern als »weißes Wasser« bezeichnet wird. Sie enthält 10 bis 20 Prozent weniger Vitamine.
Um Milch keimfrei zu machen, wird sie pasteurisiert, hoch erhitzt oder sogar ultrahoch erhitzt.

Panna cotta

MILCHPRODUKTE 15

»Besser als jeder Pudding und der krönende Abschluss für ein schönes Essen.«

Zutaten
1 Vanilleschote
2 1/2 Blatt Gelatine
250 ml Sahne
150 ml Milch
Schale von 1 Orange
2 EL Zucker
100 ml geschlagene Sahne
300 g frische Himbeeren
1 EL Puderzucker
1 EL Zitronensaft

1 Die Vanilleschote längs aufschlitzen und das Mark herauskratzen. Gelatine in kaltem Wasser einweichen. Sahne, Milch, Orangenschale, Zucker, Vanillemark und -schote in einem Topf einmal aufkochen und vom Herd nehmen. Vanilleschote herausnehmen. **Tipp:** Für den geschmacklichen Kick 1 Schnapsglas Pernod hinzufügen!

2 Die Gelatine leicht ausdrücken, in die heiße Flüssigkeit einrühren, bis sie sich aufgelöst hat, und abkühlen lassen. Bevor die Masse anzieht (fest wird), die geschlagene Sahne unterheben und in 4 Gläser abfüllen.

Dazu passen frische Himbeeren, die mit etwas Puderzucker bestäubt und mit Zitronensaft mariniert werden.

 Alternative: Für Liebhaber der asiatischen Geschmacksnote: 200 ml Sahne und 200 ml Kokosmilch mit 2 EL Zucker, 1 ausgekratzten Vanilleschote mit Mark und 20 g fein gehacktem, kandiertem Ingwer in einem Topf mischen und aufkochen. 3 Blatt eingeweichte und ausgedrückte Gelatine in die Flüssigkeit geben und die Masse abkühlen lassen. Bevor die Masse anzieht, 100 g geschlagene Sahne unterheben und in Gläser abfüllen.

Produktinfo: Panna cotta (italienisch: gekochte Sahne) ist eine aus Sahne, Zucker und Vanilleschote zubereitete Nachspeise aus dem norditalienischen Raum. Sie wird gerne mit Fruchtsaucen, Beeren oder eingemachten Früchten serviert.

16 MILCHPRODUKTE

Sämiger Milchreis mit Mango und Banane

»Ein Klassiker, der mich an meine Kindheit erinnert. Sofort habe ich den Duft aus Omas Küche in der Nase.«

Zutaten

1 Vanilleschote

800 ml Kokosmilch

500 ml Milch

60 g Zucker

1 Prise Salz

Schale und Saft von 1 Zitrone

250 g Milchreis

1 Mango (ca. 450 g)

2 Bananen

1 TL Butter

60 g brauner Zucker

1 Die Vanilleschote längs aufschlitzen und das Mark herauskratzen. Kokosmilch, Milch, Vanillemark und -schote, Zucker, Salz und Zitronenschale in einem Topf mischen, den Milchreis zugeben und zum Kochen bringen. Bei geringer Hitze zugedeckt 60 Minuten garen, dabei mehrmals umrühren. Die Vanilleschote herausnehmen, den Milchreis in eine Schale füllen und kalt stellen.

2 Die Mango schälen, das Fruchtfleisch mit einem Messer vom Stein abschneiden und in Spalten schneiden. Die Bananen schälen und in 1 cm breite, schräge Scheiben schneiden.

3 Butter und Zucker in einer Pfanne schmelzen, Mangospalten und Bananenscheiben zugeben und 2—3 Minuten leicht karamellisieren. Mit Zitronensaft ablöschen und das Obst über den Milchreis verteilen.

Variante: Reis Trautmannsdorf »Eine weitere herrliche Kaltspeise mit Kirschen«
1. 250 g Rundkornreis mit 1 l Milch und 80 g Zucker aufkochen, bei geringer Hitze zugedeckt 60 Minuten quellen lassen. Den Reis in eine Schale füllen und kalt stellen.
2. 1 Glas Kirschen (Füllgewicht 680 g, Abtropfgewicht 350 g) abtropfen lassen, den Saft aufkochen und mit 2 EL angerührter Speisestärke binden. Die Kirschen in die gebundene Sauce geben und nicht mehr kochen.
3. 2 Eiweiß, 1 EL Puderzucker und 1 Prise Salz steif schlagen und unter den abgekühlten Reis mischen. In vier Gläser gießen und die warmen Kirschen darauf verteilen.

Produktinfo: Milchreis ist eine Süßspeise aus Rundkornreis, der in Milch gekocht wird. Milchreis schmeckt warm oder kalt, pur oder in Kombination mit Saucen, Beeren und Schokolade.

Erfrischendes Lassi mit grünem Apfel und Zitronenmelisse

2 Äpfel (Granny Smith) · 300 g Naturjoghurt · 200 ml Milch · 100 ml Apfelsaft · 5—6 Blätter Zitronenmelisse · 2 EL Zucker · 1 Prise Salz 1 EL Zitronensaft

1 Die Äpfel ungeschält vierteln und das Kerngehäuse entfernen. Äpfel, Joghurt, Milch, Apfelsaft, Zitronenmelisse, Zucker und Salz im Mixer pürieren, mit Zitronensaft abschmecken und gekühlt servieren.

Variante: Grüner-Tee-Lassi mit Apfel

Zwei Äpfel wie oben beschrieben vorbereiten und mit 300 g Naturjoghurt, 200 ml grünem Tee, 100 ml Apfelsaft, 2 EL Zucker und 1 Prise Salz im Mixer pürieren.

Produktinfo: Lassi, ein indisches Joghurtgetränk, wird auf der Basis 1 : 1 zubereitet: ein Teil Joghurt, ein Teil Milch, Wasser oder Fruchtsaft. Die türkische Variante ist das Ayran, das eher salzig schmeckt.

Gewürzkäse »Taleggio«, mit Honig verfeinert

1 TL Pfefferkörner · 1 Msp Anis · 5 Pimentbeeren · 100 g Haselnusskrokant · 8 EL Olivenöl · 2 EL Honig · 600 g Taleggio

1 Pfefferkörner, Anis und Piment im Mörser fein zerstoßen, den Haselnusskrokant zugeben und gut mit Öl und Honig mischen. Den Käse in Spalten schneiden, mit der Würzpaste bestreichen und servieren.

Variante: Pfeffer-Gewürzkäse 1 TL Pfefferkörner, 1 TL rosa Pfefferbeeren und 4 Pimentbeeren im Mörser fein zerstoßen. 100 g gehackte Cantuccini-Kekse zugeben, mit 8 EL Olivenöl und 2 EL Honig verrühren. Den Käse in Spalten schneiden, mit der Würzpaste einstreichen und servieren.

Produktinfo: Taleggio ist ein norditalienischer Weichkäse mit 48 Prozent Fett in der Trockenmasse. Er wird traditionell nur aus Kuhvollmilch hergestellt. Sein Geschmack ist angenehm würzig und fruchtig.

Körnige Hüttenkäse-Salsa mit Lammchops

I rote Zwiebel · 400 g körniger Frischkäse (Hüttenkäse) · 100 ml Buttermilch · Saft von I Zitrone · 50 ml Olivenöl · Salz · Pfeffer 2 EL gehackter Schnittlauch · 2 EL gehackter Kerbel · 2 EL gehackte Petersilie · 2 Knoblauchzehen · 1/2 TL gehackter Rosmarin · 12—16 Lammchops (Stielkoteletts) · Salz · Pfeffer · 25 ml Olivenöl

1 Die Zwiebel schälen, halbieren und in feine Würfel schneiden. Hüttenkäse mit Buttermilch, Zwiebelwürfeln, Zitronensaft und Olivenöl in einer Schüssel verrühren, mit Salz und Pfeffer würzen und mit Schnittlauch, Kerbel und Petersilie mischen.

2 Den Knoblauch schälen, grob hacken und mit Rosmarin mischen. Die Lammchops mit Salz und Pfeffer würzen, in einer heißen Pfanne mit Olivenöl 4—5 Minuten kräftig anbraten.

3 Die Knoblauch-Rosmarin-Mischung zugeben, kurz durchschwenken und die Lammchops aus der Pfanne nehmen. Auf einem Teller mit der Hüttenkäse-Salsa anrichten und servieren.

Fruchtiges Ananas-Mandarinen-Quark-Gratin

1/2 Ananas (ca. 600 g) · 3 Mandarinen (ca. 300 g) · I EL Zitronensaft 2 EL Honig · 250 g Quarkmasse von der Quarkmousse (siehe Rezept Seite 29) · I Eigelb · I EL Speisestärke · 200 g geschlagene Sahne · I EL gehackte Pistazien

1 Die Ananas schälen, den Strunk entfernen, in grobe Spalten schneiden. Die Mandarinen schälen und in einzelne Segmente teilen. Ananas und Mandarinen mit Zitronensaft und Honig marinieren.

2 Die Quarkmasse, Eigelb und Speisestärke in einer Schüssel glatt rühren, die geschlagene Sahne vorsichtig untermischen.

3 Ananas und Mandarinen in eine Auflaufform schichten und gleichmäßig mit der Gratinmasse bedecken. Im vorgeheizten Ofen auf Grillstufe 4—5 Minuten gratinieren, herausnehmen, mit den Pistazien bestreuen und warm servieren.

20 MILCHPRODUKTE Das schnellste Ziegenkäse-Fondue

»Was ist noch schöner als ein Pokerabend? Mit Freunden dieses cremige Käsefondue genießen!«

Zutaten
200 g Ziegengouda
400 g Ziegenkäserolle
1 Knoblauchzehe
250 ml trockener Weißwein
50 ml Milch
40 ml Kirschwasser
Pfeffer aus der Mühle
evtl. Salz

Beilagen
400 g kleine gekochte Kartoffeln
300 g Weintrauben
400 g Weißbrotwürfel

1 Den Ziegengouda mit einer Reibe grob raspeln, die Ziegenkäserolle in große Stücke schneiden und den Knoblauch schälen.

2 Weißwein, Milch, Kirschwasser und Knoblauch in einem Topf mischen, einmal aufkochen und vom Herd nehmen. Den Ziegenkäse zugeben und so lange rühren, bis der Käse restlos geschmolzen ist. Mit Pfeffer würzen und nach Geschmack leicht salzen. Falls sich der Käse nicht komplett auflöst, das Fondue noch einmal leicht erwärmen, aber keinesfalls kochen, da es sonst gerinnen könnte. **Tipp:** Sie können auch einen Stabmixer verwenden, aber dann zuerst die Knoblauchzehe entfernen!

3 Zum herzhaften Ziegenkäse-Fondue kleine gekochte Kartoffeln, Weintrauben und Brotwürfel reichen. **Tipp:** Trinken Sie nicht so viel Wasser zum Käsefondue, sonst klumpt der Käse im Magen. Gegen ein zweites Gläschen Kirsch ist dagegen nichts einzuwenden!

Variante: Gemischtes Fondue »Moitié-Moitié«
Das Fondue wie oben zubereiten und anstelle des Ziegengoudas 300 g Greyerzer verwenden.

Produktinfo: Das Käsefondue, in der französischen Schweiz beheimatet, wird meistens mit zweierlei Käsesorten, wie Vacherin und Greyerzer, Weißwein, Kirschwasser und Gewürzen zubereitet.

Frische Brombeeren mit Honig-Mandelschaum

»Die leckerste Vitaminbombe, die der Sommer zu bieten hat!«

Zutaten

600 g frische Brombeeren
2 EL Puderzucker
1 EL Zitronensaft
250 ml Milch
1 EL Mandelmus (Reformhaus)
2 EL Honig
1 TL Zimt
etwas Zimt oder Kakao zum Bestäuben

1. Die Brombeeren in einer Schale mit Puderzucker und Zitronensaft marinieren und auf 4 Gläser verteilen.
2. Die Milch mit Mandelmus, Honig und Zimt in einem Topf erwärmen, aber nicht kochen.
3. Die heiße Milch mit einem Milchschäumer aufschäumen und über die Brombeeren gießen. Nach Geschmack mit Zimtpulver oder Kakao bestäuben und servieren.

Variante: Auch hier kann mit verschiedenen Beerensorten variiert werden: Versuchen Sie eine Mischung aus 400 g Erdbeeren und 200 g Blaubeeren. Mit Puderzucker und Zitronensaft marinieren und den Mandelschaum wie oben beschrieben zubereiten.

Produktinfo: Die Brombeere ist eine Kletterpflanze und gehört zur Familie der Rosengewächse. Brombeeren werden wegen ihres hohen Vitamingehalts meistens roh verzehrt, aber auch zu Marmelade und Gelee verarbeitet oder zur Herstellung alkoholischer Getränke wie Schnaps, Likör und Wein verwendet.

24 MILCHPRODUKTE Cremiger Kokos-Lime-Pie

»Säuerlich fruchtig und super cremig – einfach doppelt lecker!«

Zutaten

Teig
125 g Butter (zimmerwarm)
80 g Puderzucker
1 Prise Salz
1 Ei
250 g Mehl
Hülsenfrüchte zum Blindbacken,
   z. B. getrocknete Erbsen

Füllung
250 ml Limettensaft
250 g Zucker
250 ml Kokosmilch
9 Eier

1. Butter, Puderzucker und Salz mit den Knethaken des Handrührgeräts in einer Schüssel mischen. Das Ei einrühren, Mehl darübersieben und nur noch kurz weiterkneten. Den Teig zu einer Kugel formen und in Folie gewickelt mindestens 1 Stunde kalt stellen.

2. Den Teig zwischen zwei Lagen Backpapier mit etwas Mehl kreisförmig (ca. 30 cm) ausrollen. Das obere Papier entfernen und eine eingefettete Springform (26 cm Durchmesser) mit dem Teig auslegen. Das zweite Papier abziehen, den Teig am Rand 2–3 cm hochziehen und andrücken.

3. Den Teigboden mit einer Gabel mehrfach einstechen, mit Backpapier belegen und mit Hülsenfrüchten beschweren. Im vorgeheizten Ofen bei 190 °C (Umluft 170 °C) 15 Minuten vorbacken, die Hülsenfrüchte mit dem Backpapier entfernen und weitere 10 Minuten zu Ende backen.

4. Für die Füllung Limettensaft und Zucker in einem Topf aufkochen, die Kokosmilch zugeben, erneut erwärmen, aber nicht mehr kochen. Die Eier verquirlen und in die Milch rühren. Bei geringer Hitze so lange rühren, bis die Masse leicht sämig wird, sofort in die Springform füllen. Den Lime-Pie im vorgeheizten Ofen bei 120 °C (Umluft 100 °C) 30 Minuten stocken lassen, herausnehmen und noch warm servieren.

Tipp: Einen besonderen Kick bekommt der Pie, wenn Sie nach dem Backen 1 bis 2 EL Zucker oben drauf streuen und diesen mit einem Bunsenbrenner karamellisieren lassen.

Variante: Extra fruchtig wird's, wenn man noch 150 g frische Himbeeren in die flüssige Limetten-Kokos-Milch mischt, bevor der Lime-Pie in den Ofen kommt.

Luftig leckere Quarkmousse

MILCHPRODUKTE 27

»... serviert in selbst gemachten Orangen-Hippen – einfach köstlich! «

Zutaten

Quarkmousse

500 g Magerquark

1 Vanilleschote

100 g Zucker

Schale und Saft von 1 Zitrone

4 cl Kirschwasser

6 Eiweiß

1 Prise Salz

250 g geschlagene Sahne

Orangen-Hippen

50 g Butter

Schale und Saft von 1 Orange

120 g Zucker

50 g gemahlene Mandeln

50 g Mehl

1 Den Quark auf Küchenpapier legen und etwas abtropfen lassen. Die Vanilleschote längs aufschlitzen und das Mark herauskratzen.

2 Den Quark mit Vanillemark, 20 g Zucker, Zitronenschale und -saft in einer Schüssel mischen und mit Kirschwasser glatt rühren.

3 Die Eiweiße mit einer Prise Salz in einer Schüssel mit dem Handrührgerät steif schlagen, dabei nach und nach den restlichen Zucker einrieseln lassen, bis der Eischnee zu glänzen beginnt.

4 Eischnee unter die Quarkmasse rühren und die geschlagene Sahne vorsichtig unterheben. Die gemischte Quarkmasse in ein sauberes Tuch geben, das Tuch mit Küchengarn zubinden und zum Abtropfen aufhängen. **Tipp:** Stellen Sie eine Schüssel darunter!

Variante: Die Quarkmousse kann mit unterschiedlichen Likörsorten wie Grand Manier oder Cassislikör verfeinert werden – oder mit einen Fruchtsirup Ihrer Wahl, wenn Sie auf den Alkohol verzichten wollen.

Orangen-Hippen

1 Butter in einem Topf zerlassen und etwas abkühlen lassen. Orangenschale und -saft, Zucker, Mandeln, Mehl und die flüssige Butter zu einem glatten Teig verarbeiten und 30 Minuten ruhen lassen.

2 Je 1/2 EL der Teigmasse in kleinen Häufchen auf einem mit Backpapier ausgelegten Backblech gleichmäßig verteilen und mit dem Löffelrücken kreisförmig verstreichen.

3 Die Hippen im vorgeheizten Ofen bei 180 °C (Umluft nicht empfehlenswert) 3–4 Minuten goldbraun backen. Das Blech sofort herausnehmen und die Hippen einzeln mit einer Palette über den Boden einer umgedrehten Tasse legen, die Hippen dabei mit der Hand vorsichtig nach unten drücken.

4 Die abgekühlten Hippen vom Tassenboden nehmen und einzeln mit der Quarkmousse füllen.

Produktinfo: Speisequark, auch Topfen genannt, ist ein Frischkäse und wird in verschiedenen Fettstufen angeboten. Er enthält viel Eiweiß, Kalzium und Phosphat. Speisequark wird gerne frisch verzehrt, zum Beispiel als Kräuterquark, oder zum Backen, zum Beispiel für Käsekuchen, verwendet.

Britisches Erdbeer-Tiramisu

MILCHPRODUKTE 29

»Die Anregung zu diesem Rezept bekam ich von einem Patissier in England. Danke für die tolle Idee!«

Zutaten

- 500 g Erdbeeren
- 2 TL Zitronensaft
- 2 EL Honig
- 250 g Crème fraîche
- 75 g Zucker
- 300 g Shortbread-Kekse
- 2 Tassen kalter Espresso
- 5–6 EL Baileys (Irish Cream)
- 1/2 Bund Minze
- 100 g Hagelzucker

1. Die Erdbeeren putzen, vierteln und in einer Schüssel mit Zitronensaft und Honig mischen. 30 Minuten ziehen lassen.
2. Crème fraîche und Zucker in einer Schüssel mischen und mit dem Handrührgerät 4–5 Minuten schaumig rühren.
3. Die Shortbreads in eine Auflaufform legen, mit dem Espresso tränken und mit der Irish Cream gleichmäßig beträufeln. Die marinierten Erdbeeren darauf verteilen und mit der geschlagenen Crème fraîche gleichmäßig bedecken. 1 Stunde kühl stellen.
4. Minzeblätter und Hagelzucker in der Küchenmaschine zerkleinern, bis ein feiner, grüner Zucker entsteht. Das Tiramisu kurz vor dem Servieren damit bestreuen.

Variante: Für diesen köstlichen Nachtisch können auch andere Früchte oder Beeren verwendet werden, zum Beispiel 600 g frische Himbeeren.

Produktinfo: Die Erdbeere ist aus botanischer Sicht keine Beere, sondern eine Nussfrucht. Erdbeeren sind ausgesprochene Vitamin-C-Lieferanten und wirken antibakteriell und entzündungshemmend. Sie werden hauptsächlich zu Marmelade, Fruchtsauce, Speiseeis oder für Fruchtjoghurt verarbeitet.

Gratinierte Ziegenkäserolle mit Lavendel

3—4 Rote Bete (ca. 600 g) · 3 EL Himbeeressig · 6 EL Olivenöl Schale von 1/2 Zitrone · 1/2 TL gehackte Cuminsamen · Salz · Pfeffer 1 Prise Zucker · 400 g Ziegenkäserolle · 1 EL Butter · 3 EL Semmelbrösel · 1 EL Honig · 1/2 TL getrocknete Lavendelblüten · 200 g Feldsalat

1 Die Rote Bete schälen und mit einem Gemüsehobel in feine Scheiben schneiden. **Tipp:** Handschuhe tragen, sonst gibt's rote Finger! Mit Essig, Öl, Zitronenschale, Cumin, Salz, Pfeffer und Zucker marinieren und 2 bis 3 Minuten weichkneten.

2 Die Ziegenkäserolle in 4 fingerdicke Scheiben schneiden und auf ein Backblech mit Backpapier legen. Butter mit Semmelbröseln, Honig und Lavendelblüten mischen und gleichmäßig auf dem Käse verteilen. Im vorgeheizten Ofen auf Grillstufe 3—4 Minuten goldbraun gratinieren.

3 Den Feldsalat auf eine Platte geben, die Rote Bete mit dem Saft darauf verteilen. Den Ziegenkäse aus dem Ofen nehmen und mit dem Salat servieren.

Knusprige Ziegenkäsetaler

100 g Haselnusskrokant · 1 TL gehackter Thymian · 4 kleine Ziegenkäsetaler, z. B. Picandou · 3 EL Olivenöl · 1 Pink Grapefruit · 200 g gemischter Salat · 1 EL Balsamico · Salz · Pfeffer · 1 Prise Zucker

1 Haselnusskrokant und Thymian mischen und die Ziegenkäsetaler einzeln in der Krokantpanade wälzen. In einer beschichteten Pfanne mit 1 EL Olivenöl auf jeder Seite 10 Sekunden anbraten und herausnehmen.

2 Die Pink Grapefruit schälen und in Scheiben schneiden. Den gemischten Salat mit Balsamico, restlichem Olivenöl, Salz, Pfeffer und Zucker marinieren.

3 Grapefruitscheiben und Salat auf vier Teller verteilen, die Ziegenkäsetaler darauf anrichten und servieren.

MILCHPRODUKTE 31

Gerührter Ziegenfrischkäse mit Trockenfrüchten und Honig

100 g gemischtes Trockenobst · 1/2 Tasse Roibuschtee · 2 Becher Ziegenfrischkäse à 125 g · 2 EL Ahornsirup · Schale und Saft von 1/2 Zitrone

1 Die Trockenfrüchte mit heißem Roibuschtee übergießen und 1 Stunde ziehen lassen. **Tipp:** Das Trockenobst kann auch am Vortag eingeweicht werden!

2 Die eingeweichten Früchte in grobe Stücke schneiden und in einer Schüssel mit Ziegenfrischkäse, Ahornsirup, Zitronensaft und Zitronenabrieb glatt rühren.
Tipp: Der Ziegenfrischkäse schmeckt nicht nur als Aufstrich, sondern auch als Dipp für Rohkostgemüse oder zu einem knackigen Chicoréesalat.

Gratinierte Feigen mit Picandou

4—6 Cantuccini · 8 frische, vollreife Feigen · 4 Ziegenkäsetaler, z. B. Picandou, oder 1 kleine Ziegenkäserolle · 1 EL Honig · Saft von 1 Zitrone 1 EL Olivenöl · Sezchuanpfeffer · 1/2 TL gehackter Rosmarin

1 Die Cantuccini-Kekse im Gefrierbeutel zerbröseln. Feigen kreuzförmig einschneiden, aufdrücken und in eine feuerfeste Form setzen.

2 Den Ziegenkäse auf den Feigen verteilen, mit Honig, Zitronensaft und Olivenöl beträufeln. Mit Sezchuanpfeffer würzen, mit Rosmarin und Cantuccinibröseln bestreuen.

3 Im vorgeheizten Ofen auf Grillstufe 5—6 Minuten gratinieren, herausnehmen und warm servieren.

Produktinfo: Ziegenkäse wird wie die meisten Käsesorten in einer großen Vielfalt angeboten: Frischkäse, Weich- und Schimmelkäse oder Hartkäse. Das Aroma reicht von mild-cremig bis zu kräftig-würzig und aromatisch.

Locker leichte Ricotta-Klöße mit Basilikum

»Nicht nur eine leckere Suppeneinlage – lassen Sie sich überraschen!«

Zutaten
- 250 g Ricotta
- 1 Bund Basilikum
- 1 Ei
- 75 g geriebener Parmesan
- 2 EL Semmelbrösel
- Salz
- Pfeffer
- 1 EL Butter
- 4 frische Feigen
- 1 Bund Rauke
- 2 EL Olivenöl
- Saft von 1/2 Zitrone

1 Den Ricotta aus der Packung nehmen und die abgesetzte Molke mit Küchenpapier aufsaugen. Die Basilikumblätter und das Ei mischen und mit dem Stabmixer fein pürieren.

2 Den Ricotta in eine Schüssel geben und die Basilikum-Ei-Mischung unterrühren.
Tipp: Der so angerührte Ricotta eignet sich als Bindemittel für Suppen und Saucen. Parmesan und Semmelbrösel unterrühren, mit Salz und Pfeffer würzen.

3 Mit zwei Esslöffeln Nocken formen und in einen Topf mit leicht siedendem Salzwasser geben. Die Nocken 4–5 Minuten ziehen lassen, bis sie an der Oberfläche schwimmen. Mit einer Schaumkelle herausnehmen, abtropfen lassen und kurz in einer Pfanne mit schäumender Butter schwenken.

4 Die Feigen mit Schale in Scheiben schneiden und mit der Rauke auf eine Platte legen. Mit Olivenöl und Zitronensaft beträufeln und mit den Ricotta-Klößen servieren.

Variante: Für eine raffinierte Variante mischen Sie Estragon oder Bärlauch unter die Ricotta-Masse.

Produktinfo: »Ricotta« bedeutet »nochmals gekocht«. Der italienische Frischkäse aus Schafs- und Kuhmilch eignet sich hervorragend für die Zubereitung von Vor- und Süßspeisen und ist ein ideales Bindemittel.

SALAT & GEMÜSE

Aus mir wird nie ein Vegetarier, so viel ist sicher. Trotzdem gibt es für mich nichts Schöneres, als über den Wochenmarkt zu schlendern und mich von Farben, Gerüchen und der Gemüsevielfalt inspirieren zu lassen. Der besondere Reiz liegt für mich darin, mit dem zu kochen, was die Saison zu bieten hat. Und das ist so spannend, dass ich manchmal beinahe das Fleisch vergesse ...

Die grüne Welle

GIBT ES ETWAS BESSERES ALS GEMÜSE? WOHL KAUM. GEMÜSE IST LECKER UND DAZU NOCH GESUND – WENN MAN ES ANSTÄNDIG BEHANDELT. FÜR LEUTE, DIE GERNE IN DER KÜCHE EXPERIMENTIEREN, IST GEMÜSE DER HIT, WEIL ES SO UNGLAUBLICH VIELSEITIG IST UND MAN BEINAHE ALLES MIT IHM MACHEN KANN – AUSSER ES ZU TODE KOCHEN.

Gemüse wird bei uns immer noch stiefmütterlich behandelt und spielt oft eine langweilige Nebenrolle. Ein Albtraum aller Kinder ist der viel zu weich gekochte Rosenkohl von Oma, den entweder der Hund unterm Tisch bekommt oder der heimlich in der Serviette verschwindet. Leider sind »knackig« und »bissfest« bis heute oft Fremdwörter, wenn es um Gemüse geht. Ob Erbsen, Möhren, Brokkoli oder Bohnen – alles wird zusammen mit den Kartoffeln aufgesetzt und köchelt vor sich hin ... Übrig bleibt eine überflüssige Beilage zu Fleisch oder Fisch.

EINE WEITERE RESPEKTLOSE FORM, GEMÜSE ZU BEGEGNEN, IST DER EINKAUF OHNE RÜCKSICHT AUF DIE SAISON: Zu Weihnachten Spargel aus Kenia, holländische Aromatomaten im Januar – mittlerweile bekommt man alles immer, aber so richtig ins Schwärmen gerät niemand. Kein Wunder, denn der Geschmack bleibt dabei auf der Strecke.

Anders in Italien, Spanien, Frankreich oder in den asiatischen Ländern. Dort orientiert man sich an den Jahreszeiten und schenkt Gemüse die volle Aufmerksamkeit. Es wird mit großer Sorgfalt zubereitet, eigenständige Gemüse-Gänge bereichern die Menüs.

Wer genau hinsieht, stellt fest, dass auch bei uns das saisonale Angebot groß und abwechslungsreich ist. So gibt es auf Wochenmärkten und in Hofläden Kartoffeln, Rote Bete und Spargel in neuen Geschmacksrichtungen, Formen und Farben. Alte Gemüsesorten wie Pastinaken oder Steckrüben werden wieder entdeckt und lassen sich mit Fantasie und Kreativität neu erleben. Langweilig ist Gemüse jedenfalls nicht. Die Tipps und Rezepte in diesem Buch sind ab jetzt Ihre Basis, um Gemüse ganz groß zur Geltung zu bringen.

Gemüse-Guide

FRISCHE IST ENTSCHEIDEND Wenn das Gemüse schon im Laden schlappmacht, sind viele wertvolle Inhaltsstoffe verloren, und auch der Geschmack bleibt auf der Strecke. Blätter und Grün sollten frisch und knackig aussehen. Wenn möglich, Gemüse direkt beim Erzeuger einkaufen, also auf dem Wochenmarkt oder im Hofladen. Dort ist frische Ware garantiert. Im Supermarkt wird zu lange gelagertes Gemüse oft mit Hilfe von Beleuchtung als frisch angeboten.
ACHTUNG SAISON Beim Einkauf von Gemüse darauf achten, was die Jahreszeit bietet. Freilandware schmeckt besser, liefert viele gesunde Nährstoffe, ist mit weniger Schadstoffen belastet und außerdem auch noch günstiger als außerhalb der Saison. Viele Gemüsebauern, vor allem Biobauern, bieten ein »Gemüse-Abo« an. In der wöchentlich gelieferten Gemüsekiste ist alles drin, was die Saison so hergibt. Oft sogar inklusive Rezepte und Zubereitungstipps.

Alternative Tiefkühlkost

In den trostlosen Monaten, im Februar und März zum Beispiel, wenn sich das Gemüseangebot in Grenzen hält und man keine Lust mehr auf Kohl und Rüben hat, ist tiefgefrorenes Gemüse die bessere Alternative. Das Gemüse wird direkt nach der Ernte schockgefroren. So bleiben mehr Inhaltsstoffe erhalten als in den altersschwachen Ladenhütern im Supermarkt. Gemüse im Glas oder in der Dose ist dagegen tabu.

Grundsätzlich gilt: kürzer garen

Gemüse ist extrem nährstoffreich – und extrem empfindlich, was den Verlust bei der Zubereitung angeht. Wer Gemüse also in viel Wasser lange kocht, gießt mit dem Wasser viele Geschmacks- und Nährstoffe weg. Schade drum.

SO WIRD GEMÜSE BESONDERS SCHONEND ZUBEREITET
DÜNSTEN: Das Gemüse wird in wenig Öl angedünstet und mit etwas Flüssigkeit (zum Beispiel Brühe) angegossen.
DÄMPFEN: Das Gemüse kommt überhaupt nicht mit Wasser in Berührung, sondern gart im Wasserdampf.
Beim GRILLEN UND BRATEN entwickeln sich Röststoffe, die das Gemüse aromatisch schmecken lassen.
ALS SALAT ZUBEREITET oder einfach nur roh geknabbert, sind viele Gemüsesorten in Sachen Aroma und Gesundheitswert unschlagbar.

Gemüse auf einen Blick

BLATTGEMÜSE: Spinat, Mangold, Kresse, Chicorée
KNOLLEN- UND WURZELGEMÜSE: Kartoffeln, Karotten, Kohl-, Steck- und Weiße Rüben, Schwarzwurzeln, Rettich, Knollensellerie, Rote Beten
ZWIEBELGEWÄCHSE: Zwiebeln, Porree, Knoblauch
KOHLGEMÜSE: Brokkoli, Wirsing, Blumen-, Rosen-, Weiß-, Rot-, Grün- und Chinakohl
FRUCHTGEMÜSE: Auberginen, Zucchini, Gurken, Kürbis, Okra, Paprikaschoten, Peperoni, Tomaten
SPROSSEN UND STÄNGELGEMÜSE: Artischocken, Spargel, Bambussprossen, Stangensellerie, Kohlrabi, Fenchel, Palmito
PILZE: Champignons, Pfifferlinge, Steinpilze, Trüffeln, Morcheln, Austernpilze

So gesund ist Gemüse

Gemüse gehört zu den Lebensmittelgruppen mit der höchsten Nährstoffdichte. Das heißt, Gemüse liefert nur wenig Energie, etwa ein Prozent, gleichzeitig aber den größten Teil an Vitaminen, Ballaststoffen und Mineralstoffen wie Kalium, Magnesium und Eisen. Die in Gemüse und Obst reichlich enthaltenen sogenannten sekundären Pflanzenstoffe besitzen die positive Eigenschaft, Herz-Kreislauf- und Krebserkrankungen vorzubeugen. Ballaststoffe sorgen für eine günstige Zusammensetzung der Darmflora und eine regelmäßige Verdauung. So lässt sich das Darmkrebsrisiko mindern, aber auch der Cholesterinspiegel wird gesenkt. Gemüse enthält vor allem das Provitamin A (Möhren, Spinat, Grünkohl), B-Vitamine (Pilze, Erbsen, Kresse), Vitamin C (Paprika, Grünkohl, Petersilie), Vitamin E (Schwarzwurzeln, Fenchel) und Vitamin K (Spinat, Grünkohl, Erbsen). Gemüsesorten mit fettlöslichen Vitaminen (Provitamin A, Vitamin D, E und K) sollte man immer mit etwas Fett, zum Beispiel mit Olivenöl, zubereiten. Nur so werden die wertvollen Substanzen vom Körper gut aufgenommen und verwertet.

Kichererbsen-Salat

SALAT & GEMÜSE 39

»Ein erfrischender Salat für heiße Tage, der auch noch satt macht!«

Zutaten

250 g Kichererbsen
Salz
1 Lorbeerblatt
3–4 EL Zitronensaft
5–6 EL Olivenöl
Pfeffer
2 EL grob gehackte Petersilie

Joghurt-Minze-Dressing

150 g Naturjoghurt
5–6 EL gehackte Minzeblätter
1 Spritzer Zitronensaft
Salz
Pfeffer

1. Die Kichererbsen in kaltem Wasser 12 Stunden einweichen, dann abgießen und abspülen. In einem Topf mit Salzwasser und Lorbeerblatt ca. 1 Stunde weich kochen, in ein Sieb gießen und abtropfen lassen. **Tipp:** Alternativ können Sie 2 Dosen Kichererbsen (425 g EW) verwenden.
2. Die Kichererbsen mit Zitronensaft und Olivenöl marinieren, mit Salz und Pfeffer abschmecken und mit der Petersilie mischen.
3. Für das Dressing Joghurt, Minze, Zitronensaft, Salz und Pfeffer glatt rühren und über den Kichererbsensalat verteilen.

Variante: Für Abwechslung im Salat sorgen 1 klein geschnittene Paprikaschote, 1 klein geschnittene Tomate, 50 g Staudensellerie oder 1 Salatgurke.

Gemischter Bohnen-Salat mit Tomaten

SALAT & GEMÜSE 41

»So schmeckt der Sommer: nach frisch gepflückten Bohnen und sonnengereiften Tomaten.«

Zutaten

- 500 g Buschbohnen
- Salz
- 1 Glas gelbe Wachsbohnen (360 g EW)
- 1 rote Zwiebel
- 2 feste Strauchtomaten (ca. 250 g)
- 3 EL Weißweinessig
- Pfeffer
- 1 Prise Zucker
- 6 EL Olivenöl

1 Von den Buschbohnen die Enden abschneiden. In einem großen Topf mit kochendem Salzwasser 6–7 Minuten blanchieren, anschließend in Eiswasser abschrecken und in einem Sieb abtropfen lassen.

2 Die gelben Wachsbohnen unter fließendem Wasser waschen. Die Zwiebel schälen und in sehr feine Würfel schneiden.

3 Die beiden Bohnensorten mit den Zwiebelwürfeln in einer Schüssel mischen. Die Tomaten auf einer feinen Gemüsereibe in die Schüssel reiben und alles mit einem Dressing aus Weißweinessig, Salz, Pfeffer, Zucker und Olivenöl marinieren.

 Variante: Wer es lieber knackig mag, mischt in den Salat 2 Römersalatherzen und verleiht ihm mit 4–5 Sardellenfilets eine Extrawürze.

Produktinfo: Bohnen enthalten das für den menschlichen Organismus gefährliche Phasin, das erst in kochendem Wasser bei hoher Temperatur abgebaut wird. Grüne Bohnen, auch Grüne Fisolen (bot. Phaseolus) genannt, sind Schmetterlingsblütler und wahre Kletterkünstler: Sie können sich bis zu 7 Meter emporwinden.

Artischocke in Backpapier

4 große Artischocken (à 350—400 g) · 4 EL Olivenöl · 1 TL grobes Meersalz · 4 Knoblauchzehen · 4 Lorbeerblätter · 4 Thymianzweige 4 kleine Rosmarinzweige · 200 ml Weißwein

1. Die Artischockenstiele vorsichtig abbrechen. **Tipp: Stiele nicht abschneiden, sonst bleiben die Fasern im Artischockenboden zurück!** 4 Streifen Backpapier (40 x 60 cm) flach ausbreiten. Je eine Artischocke auf den unteren Teil des Backpapiers legen und die Artischocke einrollen. Eine Seite fest verschließen und mit Küchengarn zubinden.
2. Die Blätter leicht auseinander drücken. Öl, Meersalz, angedrückten Knoblauch, Lorbeerblätter, Thymian, Rosmarin und Wein in die offene Seite von jedem Päckchen verteilen.
3. Die Öffnung ebenfalls fest verschließen. Die 4 Päckchen auf ein Backblech legen und im vorgeheizten Ofen bei 200 °C (Umluft 180 °C) 50 Minuten garen.
4. Die Artischockenpäckchen herausnehmen, auf einen Teller legen und am Tisch öffnen.

Gegrillter grüner Spargel

1 kg grüner Spargel · Saft von 1 Zitrone · 2 El Olivenöl · Salz · Pfeffer

1. Die holzigen Enden vom grünen Spargel abbrechen und den Spargel roh auf den Grillrost oder eine Alufolie legen. Nun das große Geheimnis: mit Zitronensaft und Olivenöl beträufeln und mit Salz und Pfeffer würzen! (Ich habe selten einen so ausgeprägten und sauberen Eigengeschmack erlebt, den jede weitere Zutat nur beeinträchtigen würde.)
2. Die Spargelstangen auf den Grill legen, 5—6 Minuten grillen, dabei mehrmals wenden. Alternativ kann der vorgeheizte Ofen auf Grillstufe eingesetzt werden.

Variante: Wem diese Zubereitung zu »pur« ist, der umwickelt den Spargel mit einer Scheibe Speck, bevor er auf den Grill kommt, und dippt die Stangen in einen Kerbelquark mit Kapern: 250 g Magerquark mit dem Handrührgerät schaumig rühren. Mit Salz und Pfeffer würzen und mit 3 EL fein gehacktem Kerbel mischen. In einer Pfanne mit 1 EL Olivenöl 50 g Kapern oder Kapernäpfel goldbraun anbraten und über den Quark streuen.

Geschmorter Fenchel

2 Fenchelknollen (ca. 600 g) · 400 g Kartoffeln (vorwiegend festkochend) · 1 Knoblauchzehe · 50 g getrocknete Tomaten · Salz · Pfeffer 1 Msp Safranfäden · 200 ml Weißwein · 2 EL Olivenöl

1. Die Fenchelknollen halbieren und den holzigen Strunk keilförmig herausschneiden. Fenchel in acht Teile schneiden und in eine Auflaufform legen.
2. Die Kartoffeln schälen, vierteln und zugeben. Knoblauch schälen und klein schneiden, die getrockneten Tomaten in grobe Stücke schneiden, beides über das Gemüse verteilen. Mit Salz, Pfeffer und Safranfäden würzen, den Weißwein angießen und mit Olivenöl beträufeln.
3. Die Auflaufform fest mit Alufolie verschließen und den Fenchel im vorgeheizten Ofen bei 180 °C (Umluft 160 °C) 90 Minuten schmoren.

Kürbispüree mit Ziegenkäse

1 Hokkaidokürbis (1,2 kg) · Salz · Muskat · Saft von 1 Zitrone · 1 EL Olivenöl · 30 g kalte Butterflocken · 2 EL Ahornsirup · 100 g gehackte Walnüsse · 4 fingerdicke Scheiben Ziegenkäserolle

1. Den Kürbis vierteln, die Kerne entfernen und die Kürbisstücke mit der Schale nach unten auf ein Backblech mit Backpapier legen. Mit Salz und Muskat würzen und mit Zitronensaft und Öl beträufeln. Im vorgeheizten Ofen bei 180 °C (Umluft 160 °C) 90 Minuten garen. **Tipp:** Den Kürbis nicht abdecken, sonst zieht er sehr viel Wasser und wird matschig!
2. Die Kürbisstücke herausnehmen und mit der Schale durch eine Kartoffelpresse in eine Schüssel drücken. Mit dem Gummischaber glatt rühren und mit kalten Butterflocken zu einem geschmeidigen Püree verrühren.
3. Das Püree in vier Auflaufförmchen füllen, mit Ahornsirup beträufeln und die Walnüsse darüberstreuen. Mit den Ziegenkäsescheiben bedecken und im vorgeheizten Ofen auf Grillstufe 3–4 Minuten gratinieren. Herausnehmen und heiß servieren.

Erfrischender Trampo-Mallorquine-Salat

SALAT & GEMÜSE

»Eine bunte Mischung aus knackigem Gemüse und süßen Früchten ist dieser Salat, den ich auf Mallorca fast täglich gegessen habe.«

Zutaten
1 Zwiebel
1 gelbe Paprikaschote
1 grüne Paprikaschote
4 Strauchtomaten (ca. 400 g)
2 Pfirsiche
3—4 EL Weißweinessig
Salz
Pfeffer
1 Prise Zucker
6 EL Olivenöl
150 g Feta-Käse

1 Die Zwiebel schälen, halbieren und klein schneiden. Die Paprikaschoten halbieren und das Kerngehäuse entfernen. Den Stielansatz der Tomaten herausschneiden. Die Pfirsiche halbieren, Steine entfernen und alles in kleine Würfel schneiden.

2 Zwiebel-, Paprika-, Tomaten- und Pfirsichwürfel in einer Schüssel mischen, mit einem Dressing aus Weißweinessig, Salz, Pfeffer, Zucker und Olivenöl marinieren und 10 Minuten ziehen lassen.

3 Den Salat abschmecken, Feta-Käse in grobe Stücke schneiden und auf dem Salat verteilen.

 Variante: Auch andere Früchte, zum Beispiel Honigmelone oder Aprikosen, passen super in diesen Salat. Und statt Feta-Käse versuchen Sie es mal mit 5—6 grob gehackten Anchoas (Sardellen) und 1 EL Kapernäpfel.

Cremiger Snüsch aus knackigem Frühlingsgemüse

»Besonders im Frühling begeistert mich diese norddeutsche Spezialität ...«

Zutaten

- 500 g grüner Spargel
- 1 Kohlrabi (400 g)
- 1/2 Bund Fingermöhren (ca. 200 g)
- 200 g Zuckerschoten
- 200 g frische grüne Erbsen
- 200 g kleine Kartoffeln (Drillinge)
- 1 EL Butter
- 1 EL Mehl
- 1 l Milch
- 1 TL grober Senf
- Salz
- Pfeffer
- Muskatnuss
- 1 Spritzer Zitronensaft
- 1 EL gehackte Kräuter (Kerbel, Estragon, Petersilie)

1. Den Spargel im unteren Drittel schälen, die holzigen Enden abbrechen. Den Spargel in 3 cm lange Stücke schneiden. Kohlrabi schälen, halbieren und in sichelförmige Stücke schneiden. Das Grün der Fingermöhren entfernen, die Möhren mit einer Bürste unter fließendem Wasser reinigen. Den Stiel der Zuckerschoten entfernen. Die Kartoffeln waschen und mit der Schale vierteln.

2. Das Gemüse in kochendem Salzwasser blanchieren: Spargel, Erbsen und Zuckerschoten 1–2 Minuten, herausnehmen und in Eiswasser abschrecken. Kohlrabi, Möhren und Kartoffelspalten 5 Minuten, herausnehmen und in Eiswasser abschrecken. Das Gemüse in einem Sieb abtropfen lassen.

3. Die Butter in einem Topf schmelzen, das Mehl zugeben und mit der Milch aufgießen. Mit dem Schneebesen kräftig rühren und kurz aufkochen. Den Senf unterrühren und mit Salz, Pfeffer und geriebener Muskatnuss würzen. Das Gemüse zugeben und den Topf vom Herd nehmen.

4. Den Snüsch mit Zitronensaft verfeinern und mit den gehackten Kräutern mischen.

Tipp: Die Zugabe von eingeweichten Morcheln oder gebratenen Garnelen gibt dem Gericht eine besondere Note!

Eine herzhaftere Variante: Das Gemüse wie oben zubereiten. 1 EL Butter in einem Topf schmelzen und 100 g fein gewürfelten Bauchspeck darin anschwitzen. 1 EL Mehl zugeben, mit 1 l Milch aufgießen und glatt rühren. 1 TL frisch geriebenen Meerrettich zugeben, mit Salz, Pfeffer und Muskatnuss würzen und mit dem Gemüse mischen. Mit einem Spritzer Zitronensaft verfeinern und 1 EL gehackte Kräuter (Kerbel, Estragon, Petersilie) untermischen.

Produktinfo: Der »Snüsch« ist ein norddeutsches Gemüsegericht. Das Besondere daran ist die Milch.

Kohlrabi aus der Folie

700 g Kohlrabi · 150 g Bauchspeck · Salz · Muskat · 2 EL Frischkäse
50 ml Gemüsebrühe · 1 EL frischer gehackter Estragon

1. Kohlrabi schälen, in fingerdicke Stifte schneiden und auf ein Backblech mit Alufolie legen. Speck in 1/2 cm breite Streifen schneiden und über die Kohlrabi verteilen. Mit Salz und Muskat würzen, den Frischkäse darauf verteilen und die Brühe zugießen.
2. Die Alufolie über dem Gemüse falten und fest zu einer Tasche verschließen. Im vorgeheizten Ofen bei 200 °C (Umluft 180 °C) 15 Minuten garen. Das Päckchen herausnehmen, am Tisch öffnen und mit gehacktem Estragon bestreuen.

Möhren aus der Folie

500 g Möhren · 1/2 Chilischote · Salz · 2 Sternanis · 50 ml Gemüsebrühe
1 EL Olivenöl

1. Die Möhren schälen und in grobe Stifte schneiden, Chilischote klein schneiden.
2. Möhrenstifte auf ein Backblech mit Alufolie legen und mit Salz würzen. Sternanis und Chili zugeben, mit Brühe übergießen und mit Olivenöl beträufeln.
3. Die Alufolie über dem Gemüse falten und fest zu einer Tasche verschließen. Im vorgeheizten Ofen bei 200 °C (Umluft 180 °C) 15 Minuten garen. Das Päckchen herausnehmen und am besten erst am Tisch öffnen.

Variante: 500 g Beta-Sweet-Möhren schälen, in grobe Stifte schneiden. Auf Alufolie legen, salzen, 1 EL Rosinen zugeben und mit 1 EL Kürbiskernöl beträufeln. Die Folie fest zu einer Tasche verschließen, wie oben beschrieben im Ofen garen. 2 EL Kürbiskerne in einer Pfanne ohne Öl anrösten und auf die gegarten Möhren streuen.

Rote Bete aus der Folie

800 g Rote Bete · 1 EL grobes Meersalz · 1/2 TL Kümmel · 1 Zweig Thymian · 1 Spritzer Zitronensaft · 2 EL Olivenöl · 50 ml Gemüsebrühe

1. Strunk und Spitze der Rote-Bete-Knollen abschneiden und schälen. Die Knollen halbieren und in Spalten schneiden. Auf ein Backblech mit Alufolie legen, mit Meersalz, Kümmel, Thymianzweig, Zitronensaft, Olivenöl und Gemüsebrühe mischen.
2. Die Alufolie über dem Gemüse falten und fest zu einer Tasche verschließen. Im vorgeheizten Ofen bei 200 °C (Umluft 180 °C) 30 Minuten garen. Das Päckchen herausnehmen und servieren.

Produktinfo: Rote Bete ist reich an Vitaminen und Mineralstoffen, besonders an Kalium, das für die Blutbildung wichtig ist. Sie wirkt appetitanregend und verdauungsfördernd. Wegen ihres hohen Nitratgehalts nicht zu viel davon essen. Rote Bete schmeckt als Salat, als Gemüsebeilage zu Fleisch und Fisch, eingelegt oder im Borschtsch, dem bekannten russischen Eintopf.

Schwarzwurzeln aus der Folie

600 g Schwarzwurzeln · 1 Knoblauchzehe · 1 EL gehackte Haselnüsse 100 ml Sahne · 50 ml Gemüsebrühe · 2 EL Ahornsirup · Salz · Muskatnuss · 1 EL gehackte Kräuter (Petersilie, Thymian)

1. Die Schwarzwurzeln schälen, in längliche, grobe Stücke schneiden und auf ein Backblech mit Alufolie legen.
Tipp: Da die geschälte Wurzel an der Luft oxidiert und braun wird, mit etwas Zitronensaft beträufeln oder in Milch einlegen! Knoblauchzehe schälen und klein schneiden.
2. Die Haselnüsse in einer Pfanne ohne Öl 3 bis 5 Minuten goldbraun rösten, dann grob hacken. Sahne, Brühe und Ahornsirup über die Schwarzwurzeln gießen und mit Salz und Muskatnuss würzen.
3. Die Alufolie über dem Gemüse falten und fest zu einer Tasche verschließen. Im vorgeheizten Ofen bei 200 °C (Umluft 180 °C) 15 Minuten garen. Das Päckchen herausnehmen, öffnen und mit den gehackten Kräutern bestreut servieren.

Panierter Sellerie mit Remouladensauce

SALAT & GEMÜSE 51

»Ein Klassiker der vegetarischen Küche sind diese Sellerieschnitzel – und wegen ihres kräftigen Geschmacks und ihrer bissfesten Konsistenz eine echte Alternative zu Fleisch.«

Zutaten

1 Knollensellerie (ca. 900 g)
Salz
4 EL Mehl
2 Eier
200 g frisch geriebene Semmelbrösel
150 g Butterschmalz

Remouladensauce

2 hart gekochte Eier
50 ml Milch
100 ml saure Sahne
1 TL Senf
Salz
Pfeffer
100 ml Pflanzenöl
20 g Kapern
50 g Gewürzgurken
1 Sardellenfilet
3 EL gehackte Kräuter (Kerbel, Petersilie, Estragon)

1 Den Sellerie schälen und in fingerdicke Scheiben schneiden. In einem Topf mit kochendem Salzwasser 4 Minuten blanchieren. Sellerie herausnehmen, in Eiswasser abschrecken, abgießen und auf Küchenpapier abtropfen lassen.

2 Sellerie in Mehl wenden, durch die Eier ziehen und mit den Semmelbröseln panieren. Die Panade leicht andrücken.

3 Die Sellerieschnitzel in einer nicht zu heißen Pfanne mit Butterschmalz 4—5 Minuten goldgelb anbraten, herausnehmen und auf Küchenpapier abtropfen lassen.

4 Für die Remouladensauce die hart gekochten Eier halbieren und die Eigelbe in einer Schüssel mit der Gabel zerdrücken. Milch, saure Sahne und Senf zugeben und mit Salz und Pfeffer würzen. Das Öl tropfenweise einrühren, bis die Sauce bindet. Kapern, Gewürzgurken und Sardellenfilet klein schneiden und mit den Kräutern unter die Sauce rühren.

Variante: Dieser vegetarische Leckerbissen lässt sich mit unterschiedlichen Gemüsesorten wie Steckrüben, Auberginen oder Pilzen zubereiten.

Produktinfo: Die Heimat des Knollensellerie ist der Mittelmeerraum. In der Antike verwendete man ihn als Gemüse und Gewürz, aber auch als Kultpflanze. Frischen Knollensellerie gibt es bis November, im Winter wird er aus Kühlhäusern bezogen. Der Knolle werden eine aphrodisierende, stimmungsaufhellende und blutreinigende Wirkung nachgesagt. Sie ist reich an Mineralstoffen wie Kalium, Magnesium, Eisen und an Vitamin C und E – eine wahre Wunderknolle!

Pilzschmarrn mit Schnittlauch-Crème-fraîche

»Nicht nur der süße Kaiserschmarrn, auch sein würziger Bruder macht seinem Namen alle Ehre.«

Zutaten

500 g gemischte Pilze (Champignons, Pfifferlinge, Kräuterseitlinge, Steinpilze)
150 g Mehl
150 ml Milch
4 EL Sahne
4 Eier
Salz
1 TL Puderzucker
1 EL Butter
1 Becher Crème fraîche
3 EL Schnittlauch, geschnitten
1 Spritzer Zitronensaft
Pfeffer

1 Die Pilze putzen und in grobe Stücke schneiden. Mehl, Milch und Sahne in einer Schüssel glatt rühren. Die Eier trennen, die Eigelbe in den Teig rühren und die Eiweiße in einer zweiten Schüssel mit einer Prise Salz steif schlagen. **Tipp:** Geben Sie zum Eiweiß 1 Msp Puderzucker, damit es einen schönen Glanz und mehr Stabilität bekommt! 1/3 des Eischnees unter den Teig rühren und den Rest vorsichtig unterheben.

2 Die Pilze in einer Pfanne mit schäumender Butter 4–5 Minuten kräftig anbraten, den Teig über die Pilze gießen und im vorgeheizten Ofen bei 180 °C (Umluft 160 °C) 10 Minuten backen.

3 Den Schmarrn aus dem Ofen nehmen und auf dem Herd bei geringer Hitze mit zwei Holzlöffeln in grobe Stücke zerteilen. Erneut etwas Butter dazugeben und leicht mit Puderzucker bestäuben. Den Pilzschmarrn dabei öfter wenden. **Tipp:** Durch den Puderzucker karamellisiert der Schmarrn leicht, ohne dabei richtig süß zu werden!

4 Crème fraîche mit Schnittlauch, Zitronensaft, Salz und Pfeffer verrühren. Den Pilzschmarrn auf Tellern anrichten und mit der Schnittlauch-Crème fraîche überziehen.
Tipp: Dazu passt als Beilage etwas Kopfsalat.

Gemischtes Pilz-Gulasch

SALAT & GEMÜSE 55

»Beim Stichwort Pilze denke ich sofort an meine Oma und ihr unübertroffenes Pilzgulasch.«

Zutaten

1 kg gemischte Pilze (z. B. Kräuterseitlinge, Pfifferlinge, Shiitake, Champignons)

1 Zwiebel

1 Knoblauchzehe

1 Kartoffel (150 g, mehligkochend)

100 g Lauch

1 EL Butter

1 TL Tomatenmark

Abrieb von 1/2 Zitrone

1 Msp Kümmel

1 TL Paprikapulver edelsüß

Salz

Pfeffer

400 ml Gemüsebrühe

1 Die Pilze putzen und in grobe Stücke schneiden. Zwiebel und Knoblauch schälen und fein würfeln, Kartoffel schälen und mit dem Lauch klein schneiden.

2 Die Butter in einer Pfanne erhitzen. Zwiebel, Knoblauch, Lauch und Kartoffel zugeben und 2—3 Minuten anschwitzen. Die Pilze zugeben und so lange braten, bis die Pilzflüssigkeit verdampft ist. Das Tomatenmark unterrühren, Zitronenabrieb zugeben und mit Kümmel, Paprikapulver, Salz und Pfeffer würzen. Mit der Brühe aufgießen und 10 Minuten sanft köcheln lassen. **Tipp:** Als Beilage passen Nudeln, Semmelknödel oder ein knackiger Blattsalat!

Variante: Geschmortes Pilzragout

1 kg gemischte Pilze in große Stücke schneiden. **Tipp:** Falls die Pilze sandig sind, nur abbürsten, möglichst nicht waschen! 1 Zwiebel schälen und fein würfeln. In einer Pfanne 1 EL Butter aufschäumen lassen und die Pilze 4—5 Minuten kräftig darin anbraten. **Tipp:** Erst zum Schluss salzen, da Salz den Pilzen Wasser entzieht! Anschließend mit 50 ml Weißwein ablöschen und aufkochen lassen. Dann mit 200 ml Sahne und 100 ml Brühe aufgießen und weitere 5 Minuten einköcheln lassen. Danach 50 g geriebenen Parmesan zugeben, mit Salz und Pfeffer würzen und rühren, bis die Sauce sämig wird. Zum Schluss mit 2 EL gehackten Kräutern (Petersilie, Rosmarin und Thymian) bestreuen und servieren.

Produktinfo: Speisepilze muss man heute nicht mehr mühsam suchen. Viele Sorten wie zum Beispiel Champignons, Kräuterseitlinge, Shiitake oder Austernpilze werden mittlerweile gezüchtet und fast das ganze Jahr angeboten. Auch wenn Pilze suchen heute nicht mehr so erfolgreich ist wie früher, gilt immer noch: Wer suchet, der findet: Wer auf seinem Waldspaziergang die Augen offen hält, kann immer noch fette Beute mit nach Hause bringen. Aber Vorsicht, denn viele Pilzarten können sehr giftig, vereinzelt sogar auch tödlich sein. Ein Pilzbestimmungsbuch hilft, die guten von den schlechten zu unterscheiden. Ihr Ruhm reicht vom einfachen Mischpilz bis hin zum »Küchengold«, den schwarzen und weißen Trüffeln. Speisepilze sind kalorienarm, eiweiß-, mineralstoff- und ballaststoffreich, enthalten aber auch Schwermetalle und sollten deshalb nicht übermäßig oft verzehrt werden.

Panierter weißer Spargel mit Limetten-Aioli

»Auch die Königin unter den Gemüsesorten möchte sich gerne einmal verkleiden.«

Zutaten

- 1 kg weißer Spargel
- 1 EL Zucker
- 2 EL Salz
- 2 Eier
- 100 g Mehl
- 200 g frisch geriebene Semmelbrösel
- 2 l Öl zum Frittieren

Limetten-Aioli

- 2 Knoblauchzehen
- Salz
- 1 Eigelb (Zimmertemperatur)
- 1 TL scharfer Senf
- Abrieb und Saft von 1 Limette
- Pfeffer
- 200 ml Olivenöl
- 3 EL geschlagene Sahne

1 Den Spargel mit dem Gemüseschäler schälen und die unteren, holzigen Ende abbrechen. In einen Topf mit 3 l kochendem Wasser geben, Zucker und Salz zugeben und 4 Minuten blanchieren. Den Spargel aus dem Sud nehmen, auf Küchenpapier abtropfen und abkühlen lassen. Spargelfond beiseite stellen.

2 Die Eier aufschlagen und leicht verquirlen. Die Spargelstangen einzeln in Mehl wenden, durch die Eier ziehen und mit den Semmelbröseln panieren. In einem Topf mit heißem Öl 3—4 Minuten goldbraun ausbacken und auf Küchenpapier abtropfen lassen. Machen Sie die Probe mit einem Holzspieß: Spieß ins heiße Öl tauchen, sobald Bläschen aufsteigen, ist die richtige Temperatur von ca. 160 °C erreicht!

Tipp: Sie können auch eine Fritteuse verwenden.

3 Für die Limonen-Aioli den Knoblauch schälen und in einem Mörser mit Salz zerstoßen. Mit Eigelb, Senf, Limettensaft und -abrieb, 2 EL Spargelfond und Pfeffer mischen. Das Olivenöl tröpfchenweise in die Paste einrühren, bis eine glatte Sauce entsteht. Die geschlagene Sahne unterrühren und mit dem gebackenen Spargel servieren.

Produktinfo: Weißer Spargel gilt als die »Königin unter den Gemüsesorten«. Er wird in Deutschland ab Mitte April gestochen, die Spargelsaison endet traditionell am 24. Juni, dem Johannistag. Je frischer die Stangen sind, umso besser! Frischer Spargel ist leicht zu erkennen: Er hat geschlossene Spitzen und quietscht, wenn die Stangen aneinandergerieben werden. Ein weiteres Indiz für Frische sind die Schnittstellen, an denen Saft austreten sollte.

SALAT & GEMÜSE

Gemüsesalat aus rohen Zucchini und Stangenbohnen

»Die Zucchini kann auch anders! Roh in Scheiben geschnitten, zeigt sie sich von ihrer erfrischendsten Seite.«

Zutaten

2 Zucchini (ca. 600 g)
250 g Stangenbohnen
Salz
Pfeffer
Abrieb und Saft von 1 Zitrone
3 EL Olivenöl
50 g geriebener Pecorino

1 Von den Zucchini die Enden abschneiden und die Zucchini mit einer Aufschnittmaschine der Länge nach in feine Scheiben schneiden. **Tipp:** Sie können natürlich auch einen Gemüsehobel oder einen Sparschäler verwenden!

2 Von den Stangenbohnen die Enden abschneiden. Die Bohnen in einem großen Topf mit kochendem Salzwasser 4—5 Minuten blanchieren, in Eiswasser abschrecken und in einem Sieb abtropfen lassen.

3 Die Zucchinischeiben in einer Schüssel mit Salz und Pfeffer würzen und leicht massieren, bis sie geschmeidig sind. Die Bohnen zugeben und mit dem Zitronenabrieb mischen. Mit einem leichten Dressing aus Zitronensaft und Olivenöl marinieren und mit Pecorino bestreuen.

 Variante: Noch ein Vorschlag, um die Zucchini auf den Geschmack zu bringen: Verwenden Sie statt Pecorino einen geräucherten Ricotta-Frischkäse.

Produktinfo: Die Zucchini gehören zur Familie der Kürbisgewächse. Sie wurden im 15. Jahrhundert von Mexiko nach Europa gebracht und zuerst in Italien kultiviert (»zucca« = Kürbis). Man kann sie mittlerweile das ganze Jahr über kaufen, doch den besten Geschmack haben sie von Juni bis Oktober. Zucchini können im Kühlschrank problemlos über mehrere Tage gelagert werden, sollten aber nicht mit Tomaten und Äpfeln in Berührung kommen, die Ethylen absondern und die Zucchini schneller verderben lassen. Sie werden roh, gekocht, gebraten oder gegrillt verzehrt – im Gegensatz zu ihrer Begleitung, den Kenia-Bohnen, die das giftige Phasin enthalten und unbedingt in kochendem Wasser blanchiert werden müssen.

Geschlossene Mangold-Tarte

SALAT & GEMÜSE 61

»Von dieser Tarte ließ ich mich während meiner Dreharbeiten auf Mallorca inspirieren.«

Zutaten

250 ml Pflanzenöl

250 ml lauwarmes Wasser

600 g Mehl

1 TL Backpulver

1 Bund Mangold (ca. 1 kg)

1 Knoblauchzehe

2 EL Olivenöl

2 EL Rosinen

3 EL geröstete Pinienkerne

Salz

Pfeffer

Muskat

100 ml Sahne

250 g Ricotta

3 Eier

Butter für die Form

2 EL Semmelbrösel

1 Pflanzenöl und lauwarmes Wasser in eine Schüssel füllen. Mehl und Backpulver zugeben und alles zu einem geschmeidigen Teig verarbeiten. Die Schüssel mit einem Tuch abdecken und 30 Minuten ruhen lassen.

2 Den Strunk vom Mangold abschneiden, die Blätter gründlich waschen, abtropfen lassen und in grobe Streifen schneiden. Knoblauch schälen und fein hacken. Mangold und Knoblauch in einer Pfanne mit Olivenöl 4–5 Minuten anbraten. Rosinen und geröstete Pinienkerne zugeben, mit Salz, Pfeffer und Muskat würzen, aus der Pfanne nehmen und etwas abkühlen lassen.

3 Sahne, Ricotta und Eier in einem hohen Gefäß mischen und mit dem Stabmixer pürieren, eventuell noch nachwürzen.

4 Den Teig auf einer bemehlten Fläche dünn ausrollen und 2 Kreise à 30 cm Durchmesser ausschneiden. Eine Tarteform (26 cm Durchmesser) mit Butter auspinseln, mit einer Teigplatte auslegen, den Teig leicht am Rand andrücken.

5 Semmelbrösel auf den Teigboden streuen, das Mangoldgemüse darauf verteilen und die Ricotta-Mischung darübergießen.

6 Mit der zweiten Teigplatte bedecken und die Teigränder fest zusammendrücken. Mit einer Gabel mehrere Male einstechen und im vorgeheizten Ofen bei 200 °C (Umluft 180 °C) 50 Minuten backen. Die Tarte aus dem Ofen nehmen und lauwarm servieren.

Produktinfo: Mangold ist mit Spinat verwandt, hat aber größere, gerippte, leicht gekrauste Blätter und wird meist mit dem Stiel verzehrt. Es gibt ihn in zahlreichen Sorten mit unterschiedlicher Blattfarbe (hell- bis dunkelgrün, gelb oder violett). Sein würziger Geschmack harmoniert mit Fleisch und Fisch, aber auch mit anderem Gemüse.

Marinierter Zwiebel-Feldsalat mit Mortadella

1 Kartoffel (festkochend, ca. 150 g) · 200 g Feldsalat · 1 rote Zwiebel
2 EL Weißweinessig · 1/2 EL scharfer Senf · Salz · Pfeffer · 6 EL Olivenöl · 1 l Erdnussöl · 150 g italienische Mortadella

1 Die Kartoffel mit Schale auf dem Gemüsehobel in feine Scheiben hobeln und mit Wasser bedecken. Den Feldsalat gründlich waschen und putzen. Die Zwiebel schälen, halbieren und in feine Streifen schneiden.

2 Zwiebeln mit Essig, Senf, Salz, Pfeffer und Öl zu einer Marinade verrühren, weichkneten und 10 Minuten ziehen lassen.

3 Die Kartoffelscheiben trockentupfen. Erdnussöl in einem Topf oder in einer Fritteuse erhitzen. Die Kartoffelscheiben einzeln in das ca. 160 °C heiße Öl geben und goldgelb ausbacken. Die Chips mit einer Schaumkelle herausnehmen und auf Küchenpapier abtropfen lassen.

4 Die Mortadella klein zupfen und mit der Zwiebelmarinade vermengen. Den Feldsalat vorsichtig untermischen, mit den Kartoffelchips garnieren und servieren.

Salat von Radicchio und zerquetschten Radieschen

1 Staudensellerie · 2 Bund Radieschen · 1 kleiner Radicchio · 3 EL Himbeeressig · 6 EL Olivenöl · Salz · Pfeffer · 1 Prise Zucker · 100 ml Crème fraîche · 1 EL frisch geriebener Meerrettich

1 Den Strunk vom Staudensellerie abschneiden, die Stangen waschen und abtropfen lassen, die Blätter abzupfen und beiseite legen. Die Radieschen putzen. Den Strunk aus dem Radicchio herausschneiden, die Blätter mit lauwarmem Wasser abbrausen und trockenschleudern.

2 Selleriestangen in feine Scheiben schneiden, Radieschen auf einem Brett mit dem Handballen zerquetschen, Radicchioblätter in mundgerechte Stücke zupfen. Zusammen mit den Selleriescheiben und -blättern in eine Schüssel geben und mit einem Dressing aus Himbeeressig, Salz, Pfeffer, Zucker und Olivenöl marinieren.

3 Die Crème fraîche mit Salz und Pfeffer würzen, den Salat damit nappieren (überziehen) und mit frisch geriebenem Meerrettich bestreuen.

Handgequetschter Tomatensalat

200 g Kirschtomaten oder kleine Rispentomaten · 150 g Champignons · 1/2 Knoblauchzehe · 2 Bund Rucola (Rauke) · 50 g schwarze Oliven ohne Stein · 1 EL Zitronensaft · Salz · Pfeffer · 1 Prise Zucker 6—8 EL Olivenöl

1 Die Kirschtomaten waschen und den Stielansatz entfernen. Die Champignons putzen, den Stiel abschneiden und die Pilze auf dem Gemüsehobel feinblättrig hobeln. Knoblauch schälen und fein hacken. Rucola waschen, trocken schleudern und in mundgerechte Stücke schneiden.
2 Die Kirschtomaten in einer Schüssel mit den Händen zerdrücken, Champignons, Knoblauch, Oliven und Rucola zugeben und mit einem Dressing aus Zitronensaft, Salz, Pfeffer, Zucker und Olivenöl marinieren.

Friséesalat mit Orange, Spargel und Rhabarber

1 Bund weißer Spargel · 4 Stangen Rhabarber (ca. 400 g) · Salz 1 Orange · 1/2 Kopf Frisée (nur das Innere) · 2 EL Reisessig oder Zitronensaft · 6 EL Olivenöl · 1 EL Ahornsirup · Pfeffer · 1 EL gehackter Estragon

1 Den Spargel schälen, die unteren Enden abbrechen, quer halbieren und in Streifen schneiden. Den Rhabarber schälen und in kleine, dünne Stifte schneiden. Spargel und Rhabarber in einem Topf mit kochendem Salzwasser 1—2 Minuten blanchieren, in Eiswasser abschrecken und in einem Sieb abtropfen lassen.
2 Die Orange schälen und in dünne Scheiben schneiden, Friséesalat in mundgerechte Stücke zupfen.
3 Reisessig, Ahornsirup, Salz, Pfeffer und Olivenöl zu einer Marinade verrühren, Spargel und Rhabarber mit dem Dressing übergießen. Friséesalat auf einer Platte anrichten, mit Spargel und Rhabarber belegen, die Orangenscheiben darauf verteilen und mit Estragon bestreuen.

Würziges Dal-Brot mit Avocado-Feta-Salat

64 SALAT & GEMÜSE

»So lecker wie unsere Pfannkuchen ist dieses Dal-Brot, aber viel dicker! «

Zutaten

Dal-Brot

100 g Kichererbsenmehl (Reformhaus)

100 g Weizenvollkornmehl

I TL Kurkuma

I EL zerstoßene Koriandersaat

Salz

Pfeffer

75 g Ghee oder Butterschmalz

Avocado-Feta-Salat

2 Avocados

150 g Fetakäse aus Schafsmilch

2 EL Zitronensaft

Salz

Pfeffer

3 EL Olivenöl

I EL gehacktes Koriandergrün

Hummus

250 g Kichererbsen

Salz

I Lorbeerblatt

2 Knoblauchzehen

I Chilischote

1/2 TL Kreuzkümmel (Cumin)

I TL Paprikapulver edelsüß

5 EL Olivenöl

2 EL Sesampaste (Tahin)

2 EL gehackte Petersilie

3 EL Zitronensaft

1 Kichererbsenmehl, Weizenvollkornmehl, Kurkuma, Koriandersaat, Salz und Pfeffer in einer Schüssel mischen und mit 300 ml kaltem Wasser zu einem glatten Teig verrühren. I5 Minuten ruhen lassen.

2 Das Ghee in einem kleinem Topf schmelzen. Eine beschichtete Pfanne (I4 cm Durchmesser) mit reichlich Ghee einstreichen. Eine Kelle Teig in der Pfanne verteilen und 3 Minuten auf mittlerer Hitze einen ca. I cm dicken Pfannkuchen backen. Den Pfannkuchen wenden und weitere 2 Minuten backen. Diesen Vorgang so lange wiederholen, bis der Teig aufgebraucht ist, dabei die Pfanne jeweils mit Ghee einfetten. Die fertigen Pfannkuchen auf Küchenpapier abtropfen lassen,

3 Für den Salat die Avocados schälen, halbieren, entsteinen und in I cm große Würfel schneiden. Den Fetakäse ebenfalls in Würfel schneiden und beides in einer Schüssel mit Zitronensaft, Salz, Pfeffer und Olivenöl marinieren und mit Koriandergrün bestreuen.

4 Das Dal-Brot mit dem Avocado-Feta-Salat anrichten und servieren.

Alternative: Der Teig kann auch mit 200 ml Buttermilch und I00 ml kaltem Wasser angerührt werden.

Variante: Bestreichen Sie das würzige Dal-Brot mit Hummus – der gelben Kichererbsenpaste. Einen delikateren Aufstrich kann ich mir nicht vorstellen.

Hummus – gelbe Kichererbsenpaste mit Sesamöl

I. Die Kichererbsen waschen, in einer Schüssel mit kaltem Wasser I2 Stunden einweichen, dann abgießen und abspülen. Kichererbsen in einem Topf mit Salzwasser und Lorbeerblatt ca. I Stunde weich kochen, in ein Sieb gießen und abtropfen lassen.

2. Die Knoblauchzehen schälen, Chilischote grob schneiden und mit den Kichererbsen, Kreuzkümmel, Paprikapulver und Olivenöl in der Küchenmaschine fein pürieren, bis eine homogene Paste entsteht. Tipp: Wenn die Masse zu trocken ist, mit etwas Kochwasser verdünnen! Die Paste mit der Sesampaste und Petersilie verrühren und mit Zitronensaft verfeinern.

Würzige Baby-Ananas in der Salzkruste

SALAT & GEMÜSE 67

»Klingt etwas ungewohnt, schmeckt aber sensationell.«

Zutaten
- 1 Zimtstange
- 4 Kapseln Kardamom
- 5 Pimentkörner
- 4 Eiweiß
- 3 kg grobes Meersalz (vom Spanier)
- 4 Baby-Ananas (à ca. 500 g)

1. Zimtstange, Kardamom und Pimentkörner in einem Mörser grob zerstoßen. Die Eiweiße in einer Schüssel mit dem Schneebesen leicht anschlagen, die Gewürze zugeben und mit Meersalz und 50 ml Wasser mischen.
2. 1/4 von dem Salz auf den Boden einer feuerfesten Form streuen, die Ananas daraufsetzen und mit dem restlichen Meersalz fest ummanteln.
3. Im vorgeheizten Ofen bei 210 °C (Umluft 190 °C) 60 Minuten backen, herausnehmen und leicht abkühlen lassen.
4. Die Salzkruste gründlich von der Ananas entfernen, die Ananas mit einem Messer halbieren und mit einem Löffel servieren. **Tipp:** Dazu empfehle ich eine Mascarponecreme, die mit etwas Zitronenabrieb und Honig abgeschmeckt wird!

Produktinfo: Die Baby-Ananas ist, wie der Name schon sagt, sehr klein und erreicht ein Gewicht von etwa 500 g. Sie wächst überall in den Tropen, bei uns wird sie von Oktober bis Mai im Handel angeboten. Ihr Geschmack ist süßlich-aromatisch, und sie duftet intensiv. Die Baby-Ananas ist zwar nicht sehr saftig, dafür hat sie aber keinen harten Strunk in der Mitte.

Fruchtige Himbeer-Gazpacho mit Tomaten-Crostini

SALAT & GEMÜSE

»Ein toller Empfangscocktail auf Ihrer nächsten Party!«

Zutaten

1 rote Zwiebel
1 Salatgurke (ca. 600 g)
4 Strauchtomaten (ca. 400 g)
1 rote Paprikaschote (350 g)
200 g Selleriestangen
500 g TK-Himbeeren
2 Scheiben Toastbrot
100 ml Olivenöl
1 EL Rotweinessig
Salz
Pfeffer
1 Prise Zucker

Tomaten-Crostini

4 Baguettescheiben
1 Knoblauchzehe
2 Tomaten
2 EL Olivenöl
Salz
Pfeffer

1. Zwiebel und Gurke schälen und halbieren. Von den Tomaten den Strunk entfernen, die Paprikaschote halbieren und das Kerngehäuse entfernen. Zwiebel, Gurke, Tomaten, Paprika und Selleriestangen in grobe Stücke schneiden.
2. Das Gemüse mit Himbeeren, Toastbrot, Olivenöl, Rotweinessig, Salz, Pfeffer und Zucker im Mixer fein pürieren und kalt stellen.
3. Für die Tomaten-Crostini die Baguettescheiben auf ein Backblech legen. Im vorgeheizten Ofen auf Grillstufe 2—3 Minuten rösten, herausnehmen und mit der halbierten Knoblauchzehe einreiben. Zwei halbierte Tomaten auf die Brotscheiben reiben, mit Olivenöl beträufeln und mit Salz und Pfeffer würzen.

Produktinfo: Die Gazpacho ist eine kalte spanische Gemüsesuppe und hat ihren Ursprung in Andalusien.

Rote-Bete-Salat mit Büffelmozzarella

70 SALAT & GEMÜSE

»Viele drücken sich vor der Zubereitung Roter Bete, weil sie etwas länger dauert und rote Spuren hinterlässt. Aber mal ehrlich: Es gibt doch Handschuhe!«

Zutaten

- 1 kg Rote Bete
- Zesten (feine Streifen der Schale) und Saft von 1 Zitrone
- 1/2 TL gehackte Cuminsamen
- Salz
- Pfeffer
- 1 Prise Zucker
- 6 EL Olivenöl
- 200 g gemischte Salatblätter
- 1 Büffelmozzarella

1 Den Strunk der Roten Bete entfernen, ohne in das Fleisch zu schneiden. In eine feuerfeste Form legen und im vorgeheizten Ofen bei 200 °C (Umluft 180 °C) ca. 60 Minuten garen. Herausnehmen und etwas abkühlen lassen, schälen und in Spalten schneiden.

2 Zitronenzesten in kochendem Wasser kurz blanchieren und kalt abspülen. Zitronensaft, Cumin, Salz, Pfeffer, Zucker und Olivenöl zu einer Marinade verrühren und mit den Rote-Bete-Spalten vermischen.

3 Die Salatblätter auf Tellern anrichten, darauf die Rote Bete verteilen, klein gezupften Büffelmozzarella darüber geben und mit Zitronenzesten bestreuen.

Produktinfo: Büffelmozzarella wird im Gegensatz zum Kuhmilch-Mozzarella ausschließlich aus Büffelmilch hergestellt und ist deshalb deutlich teurer. Mozzarella di Bufala Campana ist seit 1996 mit der geschützten Herkunftsbezeichnung DOP ausgezeichnet. Er ist deutlich weicher in seiner Struktur, und der Geschmack ist leicht säuerlich, mit einem typischen und charaktervollen Aroma.

Aromatische Puy-Linsen mit Morchelrahm

»Ein eigenständiges Gericht oder eine köstliche Beilage zu Fleisch – ich kann mich nie entscheiden!«

Zutaten
20 g Morcheln
200 g Puy-Linsen
1 Zwiebel
1 Knoblauchzehe
1 EL Butter
1 Lorbeerblatt
1 EL Rotweinessig
Salz
Pfeffer
150 ml geschlagene Sahne
2 EL Schnittlauch

1 Die Morcheln mit 500 ml kaltem Wasser 20 Minuten einweichen, abgießen und das Einweichwasser auffangen. **Tipp:** Größere Morcheln halbieren und noch mal waschen! Puy-Linsen in einem Sieb waschen und abtropfen lassen. Zwiebel und Knoblauch schälen, halbieren und in feine Würfel schneiden.

2 Zwiebel- und Knoblauchwürfel in einem Topf mit Butter anschwitzen, die Morcheln zugeben und 3–4 Minuten anschwitzen. Linsen und Lorbeerblatt zugeben, mit 300 ml Einweichwasser auffüllen, bei geringer Hitze 30 Minuten köcheln lassen. **Tipp:** Vorsicht, das Morchelwasser enthält viel Sand und muss durch eine Kaffeefiltertüte gefiltert werden! Wenn die Linsen noch »Biss« haben, etwas Einweichwasser oder Brühe zugießen. Essig zugeben, mit Salz und Pfeffer würzen, die geschlagene Sahne unterrühren und mit Schnittlauch bestreuen.

⟹ **Variante:** Löschen Sie die Morchel-Linsen-Mischung mit 50 ml trockenem Sherry ab, und gießen Sie dann erst das Einweichwasser auf.

FISCH & MEER
Beim Fischefangen halte ich mich gerne raus, wenn es ums Kochen geht, bin ich der Erste, der »hier« schreit. Ob Scholle, Zander, Krabben oder Hummer – da kann ich als echter Hamburger nicht widerstehen, mal klassisch, mal exotisch loszulegen. Aber immer mit dem Notruf von der Küstenwache im Hinterkopf: Weniger ist mehr, sonst ist das Meer bald leer!

Der Leckerschmecker

FISCH IST DAS TOLLSTE NAHRUNGSMITTEL, DAS ES GIBT: SUPERGESUND, RUCK, ZUCK FERTIG, EXTREM LECKER – UND WENN'S NICHT GERADE EIN RÄUCHERAAL IST, AUCH KALORIENARM. ALSO EINFACH PERFEKT FÜR UNSERE WELT UND DESHALB VOLL IM TREND. Und genau hier fängt das Problem an: Je mehr Fisch auf den Tisch kommt, umso leerer werden die Meere. Klingt logisch, ist es auch, wird aber trotzdem gern ignoriert. Und deshalb sind mittlerweile sehr viele Hochsee-Fanggebiete hoffnungslos überfischt. Dass Fisch knapp wird, merken wir spätestens am Preis: Kabeljau etwa, früher als »Fisch für Arme« geschmäht, liegt heute preislich mit vielen anderen Fischsorten gleichauf. Trotzdem: Fisch gehört zu einer abwechslungsreichen und köstlichen Küche unbedingt dazu. OB GEGRILLT ODER GEBRATEN, ALS SUSHI ODER GERÄUCHERT – OHNE FISCH WÄRE DAS ESSEN NUR HALB SO SCHÖN.

Frische Fische von Fischers Fritze

»BESUCH UND FISCH STINKEN NACH DREI TAGEN«, sagt man. Beim Besuch mag es Ausnahmen geben, beim Fisch nicht. Nun kann man leider beim Fischhändler nur selten die Nase an den Fisch halten. So erkennen Sie trotzdem, ob der Fisch frisch ist:

- ✗ Die Kiemen haben eine hellrote Farbe und liegen fest an.
- ✗ Die Augen sind klar und glänzend und stehen prall hervor.
- ✗ Das Fleisch ist fest, Druckstellen verschwinden sofort wieder.
- ✗ Die Schuppen glänzen und sind schwer zu entfernen.

DA FISCH SCHNELL VERDIRBT, SOLLTE MAN IHN MÖGLICHST NOCH AM GLEICHEN TAG ZUBEREITEN. Frische Fische werden – wenn beim Fischhändler noch nicht geschehen – ausgenommen, gereinigt und eventuell auf zerstoßenem Eis gelagert. Dabei ist es wichtig, das Tauwasser regelmäßig abzugießen, weil der Fisch sonst auslaugt. Durch das Beträufeln mit Zitronensaft wird das Fischfleisch schön fest. Salzen sollte man den Fisch allerdings erst direkt vor der Zubereitung, sonst werden ihm Wasser und Nährstoffe entzogen.

So wird der Fisch zum Tischgespräch

Fische haben nicht nur die (zumindest von Männern sehr geschätzte) Eigenschaft, dass sie nicht reden. Sie sind auch ansonsten sehr gutmütig und lassen eigentlich alles mit sich machen. In der Küche ist das von großem Vorteil, denn der Zubereitung sind so kaum Grenzen gesetzt.

Beim Dämpfen wird der Fisch auf einem Sieb oder Gitter über Wasserdampf gegart. Mit Wein, Gewürzen, Kräutern oder ein wenig Gemüse im kochenden Wasser lässt sich der Geschmack noch verfeinern. Dämpfen ist eine sehr schonende Garmethode, der Fisch bleibt saftig und aromatisch.

In Alufolie oder Salzmantel gekleidet, lässt sich Fisch auch schnell und einfach im Ofen backen. Er gart dabei im eigenen Saft und behält so sein unverwechselbares Aroma.

Wer es außen knusprig, innen saftig mag, paniert den Fisch vor dem Braten in der Pfanne. Der Fisch bekommt so eine resche Kruste und bleibt innen zart.

Leere Meere – leere Teller

Die schon erwähnte Überfischung betrifft fast alle Fische, trotzdem werden die Fangquoten jedes Jahr aufs Neue zu hoch festgelegt. Dadurch nimmt man den Arten die Möglichkeit, ihren Bestand zu regenerieren. Gerade bei Tiefseefischen wie beim Leng oder Granatbarsch wirkt sich das katastrophal aus: In den kalten, nahrungsarmen Gewässern wachsen Fische langsamer als in küstennahen Regionen, sie sind deshalb in kürzester Zeit überfischt. Beim Rotbarsch gibt es noch ein anderes Problem: Er wird erst mit zwölf

Jahren geschlechtsreif und gebärt dann – statt Millionen von Eiern zu legen – nur einige lebende Junge.

Im Norden erholt sich nach Jahren der Überfischung der Seehecht-Bestand allmählich. Im Mittelmeerraum allerdings ist die Seehecht-Überfischung noch immer kritisch. Seelachs und Nordseegarnelen gibt es zurzeit noch genügend, allerdings ist hier der Beifang das Problem: Die Fischer ziehen beim Fang viele andere Meerestiere mit heraus, die dann tot wieder ins Meer zurückgekippt werden.

Mit gutem Gewissen kann man im Moment eigentlich nur Hering und Makrele essen, aus (Bio-)Aquakulturen außerdem Karpfen, Lachs und Forelle.

Diese Aquakulturen, in denen Fische für den Verzehr gezüchtet werden, sind eine Alternative zum Fisch frisch aus dem Meer. Ebenso wie beim Fleisch gilt auch hier: Bio ist besser. In konventioneller Aquakultur-Ware finden sich häufig Rückstände von Tierarzneien, zum Beispiel Antibiotika. Bio-Fische sind außerdem magerer als Zuchtfische, da sie mehr Platz im Becken haben und so ein paar Runden mehr schwimmen können. Verbindliche Standards für ökologische Fischhaltung gibt es noch nicht, einige Öko-Verbände haben aber immerhin schon eigene Richtlinien für die Bio-Fischzucht erarbeitet.

Nachfragen beim Fischhändler oder der Blick aufs Etikett ist also angesagt.

Ist wegen der Arzneirückstände im Aquakultur-Fisch der Fisch aus dem Meer nun doch die bessere Alternative? Ein klares Jein: Abgesehen von der Überfischung ist auch er häufig mit Giftstoffen belastet. Mit seinem hohen Quecksilbergehalt kann mancher Fisch besser zum Fiebermessen als zum Essen genutzt werden. Auf den Verzehr größerer Mengen Heilbutt, Thunfisch, Schwertfisch, Aal, Rotbarsch oder Stör sollte man daher verzichten. Da in Deutschland wohl kaum jemand täglich Fisch auf dem Teller hat, gibt's Entwarnung: Die positiven Effekte machen die Schadstoffe wett.

So gesund ist Fisch

Die Empfehlung, mindestens einmal pro Woche Fisch zu essen, kommt nicht von ungefähr. Tatsächlich enthält Fisch neben Eiweiß und Vitaminen wertvolles Jod, das nur in wenigen Lebensmitteln vorkommt, sowie die viel zitierten Omega-3-Fettsäuren. Sie bewirken so ziemlich alles: Man sagt ihnen nach, dass sie bei Depressionen helfen, das Risiko von Herz- und Gefäßerkrankungen senken, das Immunsystem stärken und entzündliche Gelenkerkrankungen wie Arthritis lindern. Omega-3-Fettsäuren kommen besonders in fettreichem Fisch wie Lachs, Makrele oder Thunfisch vor.

Gefüllter Wolfsbarsch mit Kürbis

FISCH & MEER

»Diese fast künstlerische Verarbeitung des Wolfsbarschs gefällt mir besonders gut, nur mein Fischhändler hasst mich dafür. Denn der Fisch wird dafür vom Rücken ausgenommen, und das gleicht bei mir einer unästhetischen Operation.«

Zutaten

3 Scheiben Toastbrot
50 g Butterschmalz
500 g Muskatkürbis
1 EL Olivenöl
1 TL Curry
Salz
Pfeffer
2 EL Zitronensaft
1 Wolfsbarsch (1—1,2 kg) im Ganzen
(beim Fischhändler vom Rücken
ausnehmen lassen)
Teriyaki-Sauce

1 Das Toastbrot entrinden und in kleine Würfel schneiden. In einer Pfanne mit Butterschmalz 3—4 Minuten goldbraun ausbacken, in ein Sieb schütten und abtropfen lassen.

2 Den Kürbis schälen, das Fruchtfleisch in 1 cm große Würfel schneiden und in einem Topf mit dem Olivenöl 5—6 Minuten anbraten. Mit Curry, Salz und Pfeffer würzen und mit Zitronensaft beträufeln. Kürbiswürfel mit den Toastbrot-Croûtons mischen.

3 Den Wolfsbarsch mit Salz und Pfeffer würzen und auf ein Backblech mit Backpapier legen. Die Kürbismischung von oben in den Wolfsbarsch füllen und gleichmäßig verteilen. Den Fisch mit Küchengarn zubinden (siehe Foto) und im vorgeheizten Ofen bei 200 °C (Umluft 180 °C) 35 Minuten garen.

4 Den gefüllten Wolfsbarsch aus dem Ofen nehmen, das Küchengarn entfernen, vorsichtig auf eine Platte setzen und mit einer Teriyaki-Sauce am Tisch servieren.

Produktinfo: Für die feine Küche ist der Wolfsbarsch (frz.: Loup de mer) der unumstrittene Spitzenreiter. Der kaltblütige Räuber zieht vom Schwarzen Meer durchs Mittelmeer in den östlichen Atlantik bis nach Südengland und Irland. Da seine Bestände stark dezimiert sind, wird vermehrt auf Zuchtfische zurückgegriffen, die eine bemerkenswert hohe Qualität aufweisen.

Frische Scholle – auf verschiedene Arten goldbraun gebraten

80 FISCH & MEER

»Die Maischolle ist ein Gedicht, ob als Klassiker gebraten oder als schnelle Variante aus der gleichen Pfanne gezogen.«

Zutaten

4 Schollen ohne Kopf (à ca. 400 g)

Saft von 1 Zitrone

Salz

Pfeffer

4 EL Mehl zum Bestäuben

100 g Butterschmalz

Finkenwerder Art

125 g Speck

1 Zwiebel

1 EL Butter

2 EL Petersilie, gehackt

Zitronenscheiben zum Garnieren

Büsumer Art

2 Limetten

3 EL Kapern

150 g Krabbenfleisch

Italian Style

4 EL Pinienkerne

3 EL Rosinen

2 EL Petersilie, gehackt

Die Schollen mit Zitronensaft beträufeln und 5 Minuten ziehen lassen. Mit Küchenpapier trockentupfen, mit Salz und Pfeffer würzen und in Mehl wenden. In einer Pfanne mit Butterschmalz von jeder Seite 3—4 Minuten goldbraun braten. **Tipp:** Die Schollen in 2 Pfannen braten, damit sie knusprig werden!

Scholle Finkenwerder Art

1. 125 g Speck in feine Würfel schneiden, 1 Zwiebel schälen und in feine Ringe schneiden.

2. Die fertig gebratenen Schollen aus der Pfanne nehmen und warm halten.

3. Die Speckwürfel in der Pfanne mit 1 EL Butter 3—4 Minuten goldbraun braten und herausnehmen. Die Zwiebelringe im Bratfett ebenfalls goldbraun braten. Speckwürfel, Zwiebelringe und Bratfett über die Schollen verteilen. 2 EL gehackte Petersilie über die Scholle streuen und mit einer Zitronenscheibe garnieren.

Scholle »Büsumer Art«

1. 2 Limetten dick schälen und die weiße Haut ganz entfernen, die Filets mit einem scharfen Messer herausschneiden.

2. Die fertig gebratenen Schollen aus der Pfanne nehmen und warm halten.

3. 3 EL Kapern in Mehl wälzen und in der Pfanne 3—4 Minuten goldbraun braten. Die Limettenfilets zugeben, mit 150 g Krabbenfleisch mischen und nicht mehr kochen lassen. Die »Büsumer Mischung« auf die Schollen verteilen und sofort servieren.

Scholle »Italian Style«

1. Die fertig gebratenen Schollen aus der Pfanne nehmen und warmhalten.

2. 4 EL Pinienkerne 3—4 Minuten in der Pfanne schwenken und leicht anbraten.

3 EL Rosinen zugeben und weitere 2 Minuten braten. 2 EL gehackte Petersilie zugeben, die fruchtig-würzige Mischung über die Schollen verteilen und servieren.

Produktinfo: Die Scholle gehört zur Familie der Plattfische. Sie ist im Handel als »Maischolle« bekannt, da sie im Frühjahr gefangen wird. Ihr Fleisch ist mager und eiweißreich.

82 FISCH & MEER

Gegrillte Makrele mit saftigen Schmorgurken

»Makrelen sind nicht nur geräuchert ein Hit – sie können beim Barbecue durchaus mit der Grillwurst konkurrieren.«

Zutaten

Schmorgurken

2 Salatgurken

1 Zwiebel

100 g Speck in Scheiben

1 TL Butter

150 ml Gemüsebrühe

Salz

Pfeffer

1 Prise Zucker

1 EL geschlagene Sahne

4 Makrelen (ca. 1,2 kg)

Salz

Pfeffer

2 Knoblauchzehen

Saft von 1 Zitrone

4 Zweige Thymian

1 Die Gurken schälen, halbieren, mit einem Löffel entkernen und in 3 cm dicke Rautenstücke schneiden. Die Zwiebel schälen und in feine Würfel schneiden. Den Speck in feine Streifen schneiden.

2 Zwiebeln und Speck in einem Topf mit Butter glasig anschwitzen, die Gurkenstücke zugeben und 3—4 Minuten andünsten. Mit Gemüsebrühe auffüllen, mit Salz, Pfeffer und Zucker würzen. Einmal aufkochen und die Sahne untermischen.

3 Die Makrelen ca. 8-mal einritzen und mit Salz und Pfeffer würzen. Das Innere der Makrelen mit den halbierten Knoblauchzehen einreiben, mit Zitronensaft beträufeln und mit den Thymianzweigen füllen.

4 Die Makrelen auf einen Rost legen und 4—5 Minuten von beiden Seiten grillen (oder in einer Pfanne mit 2 El Olivenöl braten). Die Makrelen mit den Schmorgurken servieren.

Variante: »Steckerlfisch« von der Makrele Die Makrele mit Salz und Pfeffer würzen, das Innere der Makrele mit einer Knoblauchzehe einreiben und mit Zitronensaft beträufeln. Mit einem Weidenzweig aufspießen und am offenen Lagerfeuer oder auf dem Grill 8—10 Minuten grillen. **Tipp:** Die Weidenzweige können natürlich durch gewässerte Holzspieße ersetzt werden!

Produktinfo: Die Makrele lebt in Schwärmen in Küstengewässern. Sie ist 30—50 cm lang und kann bis zu 11 Jahre alt werden. Ihr festes Fleisch ist die reinste Delikatesse. Auf unseren heimischen Märkten wird sie meistens als Räuchermakrele oder Gewürzmakrele angeboten.

Red Snapper in Papillote

FISCH & MEER 85

»Eine interessante Zubereitungsart – ein unbeschreiblicher Duft!«

Zutaten

4 Möhren (ca. 400 g)
1 walnussgroßes Stück Ingwer
2 EL Olivenöl
1/2 TL Currypaste
2 EL Zitronensaft
1 TL Fischsauce (aus dem Asialaden)
Salz
Pfeffer
2 EL gehacktes Koriandergrün
4 Red-Snapper-Filets (à 160 g)

1 Möhren und Ingwer schälen und auf einer Gemüsereibe fein hobeln. Mit Olivenöl, Currypaste, Zitronensaft, Fischsauce, Salz, Pfeffer und Koriander verrühren und die Fischfilets damit bestreichen.

2 Für die Papillote 4 ca. 30 x 40 cm große Backpapiere ausbreiten und die Fischfilets darin einwickeln. Die Enden mit Küchengarn fest zubinden und die Päckchen auf ein Backblech legen.

3 Im vorgeheizten Ofen bei 180 °C (Umluft 160 °C) 12 Minuten garen, aus dem Ofen nehmen und die Papillote erst am Tisch öffnen.

Variante ... für die nächste Grillparty: Die Fischfilets wie oben beschrieben vorbereiten, in zugeschnittene Bananenblätter (in Größe des Backpapiers, siehe oben) einwickeln und die beiden Seiten jeweils mit Holzspießen schließen. Die Päckchen auf den Grillrost legen und ca. 15 Minuten grillen. **Tipp:** Nicht zu heiß grillen, sonst verkohlen die Bananenblätter! Die Bananenblätter vorsichtig entfernen und die Red Snapper sofort servieren.

Produktinfo: Der Red Snapper ist ein Schwarmfisch, der an den Riffen am Golf von Mexico lebt. Bei guten Fischhändlern bekommen Sie frischen Red Snapper, er wird aber auch als Tiefkühlware in guter Qualität angeboten.

86 FISCH & MEER

Rotbarbenfilet in Tempurateig gebacken

»Ein außergewöhnliches Crossover-Rezept: die asiatische Zubereitung der Rotbarbe, ein heimischer Blumenkohlsalat, eine spanische Mandel-Knoblauch-Sauce. «

Zutaten

Blumenkohlsalat
500 g Blumenkohl
Salz
250 ml Weißwein
90 ml Olivenöl
1/2 TL Sesamöl
Abrieb und Saft von 1/2 Zitrone
Pfeffer
1 Prise Zucker

Mandel-Knoblauch-Sauce
100 g Mandelgrieß
125 ml Gemüsebrühe (Instant)
125 ml Milch
2—3 Knoblauchzehen
3 Toastbrotscheiben
50 ml Olivenöl
Salz
Pfeffer
1 Spritzer Zitronensaft

1 Packung Tempurateig (aus dem Asialaden)
8 Rotbarbenfilets (ca. 600 g), vom Fischhändler küchenfertig vorbereitet
8 Holzspieße
Salz
2 l neutrales Öl (z. B. Erdnussöl)

1 Den Blumenkohl putzen und in Röschen teilen, mit kochendem Salzwasser 3—4 Minuten blanchieren. In Eiswasser abschrecken, abgießen und in einem Sieb abtropfen lassen.

2 Weißwein in einem Topf auf 100 ml reduzieren, etwas abkühlen lassen. Oliven- und Sesamöl, Zitronenabrieb und -saft zugeben, mit Salz, Pfeffer und Zucker abschmecken. Den Blumenkohl darin marinieren.

3 Für die Mandel-Knoblauch-Sauce den Mandelgrieß in einer Pfanne ohne Fett 4—5 Minuten leicht anrösten. Gemüsebrühe und Milch in einem Topf aufkochen. Knoblauch schälen, in grobe Stücke schneiden und zusammen mit dem Mandelgrieß in die Milchmischung geben. Toastbrotscheiben entrinden, grob zerteilen und ebenfalls in die Flüssigkeit geben. Mit dem Stabmixer pürieren, tropfenweise das Olivenöl zugießen, bis eine sämige Sauce entsteht. Mit Salz und Pfeffer abschmecken und mit Zitronensaft verfeinern. **Tipp:** Die Sauce darf nach dem Pürieren nicht mehr kochen, sonst gerinnt sie!

4 Den Tempurateig nach Packungsangabe zubereiten. Je ein Rotbarbenfilet wellenförmig auf einen Holzspieß stecken und leicht salzen. Das Öl in einem Topf erhitzen. **Tipp:** Sie können auch eine Fritteuse verwenden!

5 Die Fischspieße durch den Teig ziehen und im heißen Öl bei 160 °C 3—4 Minuten goldbraun und knusprig ausbacken. **Tipp:** Tauchen Sie einen Holzspieß in das Fett. Sobald Bläschen aufsteigen, ist die richtige Temperatur erreicht! Die Spieße auf Küchenpapier abtropfen lassen. Mit Blumenkohlsalat und Mandel-Knoblauch-Sauce servieren.

Variante: Wenn Sie den Tempurateig selbst zubereiten wollen, mischen Sie 125 g Mehl und 125 g Speisestärke, eine Prise Salz und etwa 250 ml eiskaltes Wasser in einer Schüssel und rühren Sie die Zutaten mit dem Schneebesen zu einem glatten Teig. Dann 2 Eiweiß unterrühren und 5 Minuten stehen lassen.

Grundrezept Tintenfisch

»Damit der Pulpo schön zart wird, muss er dreimal gekocht werden – das hört sich schlimmer an, als es in Wirklichkeit ist!«

1 Zwiebel · 1 Lorbeerblatt · 3 Nelken · Salz · 2 Pulpos (à 600g)

1   Die Zwiebel mit der Schale halbieren, mit Lorbeerblatt und Nelken spicken und in einen Topf mit kochendem Salzwasser geben. Die Pulpos in das Wasser eintauchen, einmal aufkochen lassen und vom Herd nehmen. 30 Minuten ziehen lassen. Danach erneut auf den Herd stellen, aufkochen lassen und wieder herunternehmen. Diesen Vorgang insgesamt 3-mal durchführen.

Schneller geht's, wenn man den Pulpo in kochendes Wasser gibt und ihn je nach Größe ungefähr 1 Stunde zugedeckt kochen lässt. **Tipp:** Mit einem Holzspieß das Fleisch anstechen und testen, ob es weich ist!

Pulpo »Galizische Art«

»Wie beim Spanier ... vom Brett!«

2 gekochte Pulpos · grobes Meersalz · 1 TL Paprikapulver edelsüß
1 TL Paprikapulver scharf · 4 EL Olivenöl · 1—2 EL Pulposud

1   Den gekochten, noch warmen Pulpo an den Fangarmen abtrennen und in 1 cm dicke Scheiben schneiden.
    Tipp: Wer möchte, kann die aromatische Haut mit den Saugnäpfen mitessen!
2   Die Pulposcheiben auf ein Holzbrett legen, mit Meersalz und Paprikapulver würzen, mit Olivenöl und Pulposud beträufeln und servieren.

Gegrillter Pulpo mit Brotsalat

1 Ciabatta (250 g) · 3 Strauchtomaten (ca. 350 g) · 2 Knoblauchzehen
1 Chilischote · 50 ml Olivenöl · 2 EL Weißweinessig · Salz · Pfeffer
1 Prise Zucker · 2 gekochte Pulpos · 1 Spritzer Zitronensaft · grobes
Meersalz · Pfeffer · 2 EL Olivenöl · 1 Rosmarinzweig

1. Für den Brotsalat das Ciabatta würfeln. Die Tomaten halbieren und würfeln, den grünen Stielansatz entfernen. Den Knoblauch schälen und grob hacken.

2. Knoblauch und Chilischote in einer Pfanne mit Olivenöl kurz anschwitzen, die Brotwürfel zugeben und 4–5 Minuten goldbraun rösten, dabei mehrmals wenden!

3. Das Brot ohne Chilischote mit Tomaten, Essig, Salz, Pfeffer und Zucker in einer Schüssel mischen und abschmecken.

4. Die Fangarme vom Pulpokörper abtrennen und der Länge nach halbieren. Die Pulpokörper vierteln und alle Pulpoteile auf einem Teller mit Zitronensaft, Meersalz, Pfeffer und Olivenöl marinieren.

5. Die Pulpoteile mit dem Rosmarin in einer heißen Grillpfanne von beiden Seiten bei starker Hitze 2–3 Minuten grillen, mit dem Brotsalat servieren.

Feuriger Pulpoeintopf mit Paprika

1 Zwiebel · 1 Knoblauchzehe · 1 Chilischote · 500 g rote, gelbe und grüne Paprikaschoten · 300 g kleine Kartoffeln · 3 EL Olivenöl · 1 Dose Pizza-Tomaten (425 g) · 200 ml Pulposud (ersatzweise Brühe) · Salz
Pfeffer · 1 TL Paprikapulver edelsüß · 1 Lorbeerblatt · 2 gekochte Pulpos · 1 EL gehackte Petersilie · 1 Weißbrot

1. Zwiebel und Knoblauchzehe schälen, halbieren und mit der Chilischote klein schneiden. Die Paprikaschoten halbieren, Strunk und Kerne entfernen und in 1/2 cm große Würfel schneiden. Die Kartoffeln schälen und vierteln. Die Pulpos in 2 cm breite Stücke schneiden.

2. Zwiebeln, Knoblauch, Chilischote, Paprikawürfel und die Kartoffeln in einem Topf mit Olivenöl 4–5 Minuten anschwitzen. Die Tomaten zugeben und mit dem Pulposud aufgießen. Mit Salz, Pfeffer, Paprikapulver und Lorbeerblatt würzen und 20 Minuten bei mittlerer Hitze kochen.

3. Die Pulpostücke zugeben, mit der gehackten Petersilie bestreuen und mit knusprigem Weißbrot servieren.

Bunter Meeresfrüchte-Salat mit Blumenkohl

»Ein frischer und sauberer Geschmack nach Meer ...«

Zutaten

1 kleiner Blumenkohl (ca. 400 g)
Salz
200 g Garnelenschwänze ohne Schale (16/20, siehe Produktinfo)
400 g Calamaretti
4 frische Jakobsmuscheln (küchenfertig)
8 EL Olivenöl
2 EL Pinienkerne
1 Chilischote
Abrieb und Saft von 1 Zitrone
Pfeffer
1 TL gehackter Kerbel

1 Den Blumenkohl putzen und in Röschen teilen, die Röschen kreuzweise einschneiden. In einem Topf mit kochendem Salzwasser 3—4 Minuten blanchieren, abgießen, kalt abschrecken und abtropfen lassen.

2 Garnelenschwänze, Calamaretti, Jakobsmuscheln und Blumenkohl nacheinander in einer beschichteten Pfanne mit je 1 EL Olivenöl 3—4 Minuten kräftig anbraten und salzen. Die Pfanne nach jedem Bratvorgang auswischen.

3 Die Pinienkerne in einer Pfanne ohne Fett goldbraun rösten. Chilischote in dünne Streifen schneiden. Beides mit den Meeresfrüchten und dem Blumenkohl in einer Schüssel mischen. Mit dem restlichen Olivenöl, Zitronensaft und -abrieb, Salz und Pfeffer marinieren und mit Kerbel bestreuen.

Variante: Der Meeresfrüchtesalat ist ausgesprochen vielseitig: Die Meeresfrüchte können gebraten oder pochiert zubereitet und mit verschiedenem Gemüse, mit Reis oder Nudeln gemischt werden.

Produktinfo: Die Bezeichnung 16/20 ist eine Art Größenangabe und bedeutet, dass 16 bis 20 Garnelen in einem 1-Kilo-Beutel sind.

Gebratene Jakobsmuscheln
mit Basilikumöl und Thaispargel

»Das zarte, aromatische Muschelfleisch ist einfach genial zu dem noch knackigen Spargel.«

Zutaten

I Knoblauchzehe
I Chilischote
1/2 Bund Basilikum
85 ml Olivenöl
400 g Thaispargel
Salz
I EL Butter
150 ml Orangensaft
12 frische Jakobsmuscheln (küchenfertig)
Pfeffer
I TL rote Pfefferbeeren

1 Den Knoblauch schälen und klein schneiden, die Chilischote klein schneiden und das Basilikum grob hacken. Zusammen mit 50 ml Olivenöl in einem hohen Gefäß mit dem Stabmixer fein pürieren.

2 Vom Thaispargel die unteren Enden abschneiden, in einer Pfanne mit 2 EL Olivenöl 2–3 Minuten kräftig anbraten, salzen und herausnehmen.

3 Butter in einer Pfanne zerlassen, mit Orangensaft aufgießen und auf ein Drittel einkochen. Den Spargel in die Orangensauce legen und warm stellen.

4 Die Jakobsmuscheln mit Küchenpapier trocken tupfen und mit feinen Schnitten kreuzweise einschneiden. In einer beschichteten Pfanne in dem restlichen Olivenöl 2–3 Minuten kräftig anbraten und mit Salz, Pfeffer und roten Pfefferbeeren würzen.

5 Die Muscheln aus der Pfanne nehmen und zusammen mit dem Thaispargel und der Orangensauce auf Tellern anrichten. Mit dem Basilikumöl beträufeln und servieren.

Variante: Koriander-Würzöl

I Bund Koriander grob hacken, I Knoblauchzehe schälen. Zusammen mit I Msp Currypaste, I EL gerösteten Pinienkernen und 100 ml Olivenöl in einem hohen Gefäß mit dem Stabmixer fein pürieren.

Produktinfo: Die Jakobsmuschel, eine Kamm-Muschel, hat einen Durchmesser von 10 bis 13 cm. Sie zählt zu den schmackhaftesten Muscheln, ihr Fleisch ist weich und leicht süßlich. Sie wird im Handel frisch, in Lake eingelegt oder als Tiefkühlware angeboten.

Fluffiges Krabbenrührei mit Nussbrot

FISCH & MEER 95

»Genau so, wie ich es zu Hause hin und wieder von Nina bekomme.«

Zutaten

3 EL Crème fraîche
2 EL geschnittener Schnittlauch
1 Spritzer Zitronensaft
8 Eier
2 EL angeschlagene Sahne
Salz
Pfeffer
1 TL Butter
4 Scheiben Nussbrot
400 g gepultes Krabbenfleisch
    (Nordseekraben)

1 Die Crème fraîche mit Schnittlauch und Zitronensaft glatt rühren. Die Eier in eine Schüssel schlagen, mit Sahne verquirlen und mit Salz und Pfeffer würzen.

2 Die Eier in einer Pfanne mit schäumender Butter bei geringer Hitze 3–4 Minuten stocken lassen, dabei ständig rühren. **Tipp:** Das Rührei ist gar, wenn es gestockt, aber noch feucht glänzend ist!

3 Das Nussbrot in 1 cm dicke Scheiben schneiden und im Toaster goldbraun toasten. Brotscheiben auf vier Teller legen, das Rührei gleichmäßig darauf verteilen, mit dem Krabbenfleisch belegen und mit der Schnittlauch-Crème-fraîche servieren.

Variante: Rührei mit Räucherfisch: Das Rührei wie oben beschrieben zubereiten und mit ca. 400 g geräucherter Makrele, Forelle, Aal oder Lachs servieren.

 Produktinfo: Die Krabben, auch Nordseekrabben, sind die Kleinsten in der Garnelenfamilie. Sie verderben schnell und werden daher nach dem Fang schon auf dem Krabbenkutter abgekocht. Allein an der deutschen Nordseeküste werden jährlich ca. zehntausend Tonnen dieser Delikatesse gefangen.

Würziger Curry-Muschel-Topf mit Würzbrot

»Duftende Mittelmeeraromen aus einem großen Topf ...«

Zutaten

- 2,5 kg Miesmuscheln
- 1 Zwiebel
- 1 Knoblauchzehe
- 1 Stängel Zitronengras
- 2 EL Olivenöl
- 125 ml Weißwein
- 1 Dose Pizza-Tomaten (400 g)
- 1 Dose Kokosmilch
- 1 TL gelbe Currypaste
- 1 EL Currypulver
- 1 Lorbeerblatt
- Salz
- Pfeffer
- Saft von 1 Limette
- 2 EL gehacktes Koriandergrün

1 Die Miesmuscheln sorgfältig unter fließendem Wasser abbürsten. **Tipp:** Ausschließlich frische und geschlossene Miesmuscheln verwenden. Zwiebel und Knoblauch schälen und fein würfeln, das Zitronengras der Länge nach halbieren.

2 Muscheln, Zwiebeln und Knoblauch in einem Topf mit Olivenöl 5–6 Minuten kräftig anbraten. Mit Weißwein ablöschen, Tomaten und Kokosmilch zugeben und mit Currypaste, Currypulver, Zitronengras, Lorbeerblatt, Salz und Pfeffer würzen.

3 Die Muscheln bei geringer Hitze 5 Minuten zugedeckt köcheln lassen, bis sich alle Muscheln geöffnet haben. **Tipp:** Geschlossene Miesmuscheln dürfen nicht verzehrt werden! Den Muscheltopf mit Limettensaft abschmecken und mit Koriandergrün bestreuen.

4 Dazu passt Fladenbrot mit Koriander oder Kreuzkümmel!

Variante: Der Muscheltopf als herzhafte Sauce: Dazu den Muscheltopf wie oben beschrieben zubereiten, die Kokosmilch weglassen. Mit gehackter Petersilie statt Koriandergrün bestreuen und zum Beispiel mit Nudeln servieren.

Produktinfo: Der Name der Miesmuschel leitet sich ab von »Moos«, was mit ihrer Aufzucht an den Pfählen zusammenhängt. Miesmuscheln haben einen Durchmesser von 3 bis 10 cm, ihr Fleisch ist fest und aromatisch. Die besten frischen Muscheln werden von Oktober bis März angeboten.

98 FISCH & MEER

Marinierte Sardinen mit würzigem Apfel-Majoran-Salat

»Frisch zubereitet, schmecken die kleinen, würzigen Fische nach Urlaub, Strand und Meer! Ein kulinarisches Sommervergnügen, das mit ihren Artgenossen aus der Dose wenig gemein hat.«

Zutaten

400 g Sardinen, vom Fischhändler
    küchenfertig zubereitet (geschuppt,
    ausgenommen, ohne Gräten)
4 Limetten
2 EL grobes Meersalz
I EL Zucker
100 ml Olivenöl

Apfel-Majoran-Salat

3 säuerliche Äpfel (400 g, zum Bei-
    spiel Boskop oder Granny Smith)
1/2 Bund Majoran, grob gezupft
Saft von I Zitrone
3 EL Olivenöl
Salz
Pfeffer

I   Die Sardinenfilets nebeneinander in eine flache Form legen. Die Schale von I Limette abreiben, alle Limetten auspressen. Abrieb und Saft mischen und über die Sardinenfilets gießen. Meersalz und Zucker zugeben, Olivenöl darüberträufeln. Die marinierten Sardinenfilets im Kühlschrank mindestens 6 Stunden zugedeckt ziehen lassen.

2   Für den Salat die Äpfel schälen, vierteln und das Kerngehäuse entfernen. Äpfel in feine Stifte schneiden und mit Majoran mischen. Zitronensaft und Olivenöl zugeben, mit Salz und Pfeffer würzen.

3   Die Sardinenfilets aus der Form nehmen und mit dem Apfel-Majoran-Salat servieren.

Variante: Wilden Spargel (vom Feinkosthändler) in einem Topf mit kochendem Salzwasser 2 Minuten blanchieren, in Eiswasser abschrecken, herausnehmen und abtropfen lassen. Die Spargelstangen mit Salz und einer Prise Zucker würzen, mit einem Spritzer Zitronensaft und 2 EL Olivenöl marinieren und zu den Sardinen servieren. **Tipp:** Ersatzweise einfach normalen, grünen Spargel kaufen!

Produktinfo: Die im Meer lebende Sardine ist ein so genannter Schwarmfisch. Eingelegt in Öl, und aus der Konserve, ist sie als »Ölsardine« bei uns sehr populär. In Portugal und Spanien wird die Zubereitung auf dem Grill bevorzugt. Die marinierte Sardine in diesem Rezept ähnelt der »Italienischen Ceviche« – was so viel wie roh gebeizter Fisch bedeutet.

Doradenfilet mit Ziegenkäse gratiniert

FISCH & MEER 101

»Fisch mit Obst und Käse? Haben Sie keine Vorbehalte – dieses Gericht hat auch mich begeistert!«

Zutaten
- 4 Doradenfilets ohne Haut (à 120 g)
- 4 EL Semmelbrösel
- 1 TL gehackter Thymian
- 1 Bund Basilikum
- 50 ml Olivenöl
- 2 Pfirsiche
- Salz
- 2 Scheiben Ziegenkäserolle (100 g)

1. Die Doradenfilets von restlichen Gräten befreien. Semmelbrösel und Thymian mischen und für jedes Filet auf ein Backblech streuen. Den Fisch mit der Hautseite nach unten auf die Brösel legen.

2. Basilikum hacken und mit Olivenöl in einem hohen Gefäß mit dem Stabmixer fein pürieren. Die Pfirsiche halbieren, entsteinen und in 1/2 cm dicke Scheiben schneiden.

3. Die Fischfilets salzen, Pfirsichscheiben gleichmäßig darauf verteilen und mit Basilikumöl beträufeln. Den Ziegenkäse darüberbröckeln und im vorgeheizten Ofen bei 220 °C (Umluft 200 °C) 10 Minuten gratinieren. Die Fischfilets herausnehmen, auf einen Teller legen und sofort servieren.

Produktinfo: Die im Mittelmeer lebende Dorade war schon in der Antike ein bekannter Speisefisch. Ihre Kennzeichen sind ein sichelförmiges Goldband auf der Stirn und kräftige Schneidezähne. Die Dorade hat ein festes und sehr schmackhaftes Fleisch, das sich zum Braten, Gratinieren, Dünsten oder Backen, aber auch zum Räuchern eignet.

Pikante Calamaretti-Bolognese

FISCH & MEER 103

»Um in den Genuss dieser Bolognese zu kommen benötigen Sie zwar einen Fleischwolf, aber der Aufwand lohnt sich.«

Zutaten

- 1 kg kleine Calamaretti (TK)
- 1 Knoblauchzehe
- 1 Zwiebel
- 2 Möhren (200 g)
- 200 g Sellerie
- 200 g Lauch
- 3 EL Olivenöl
- 1 Lorbeerblatt
- 1 große Dose geschälte Tomaten (800 g EW)
- 150 ml Fischfond
- Salz
- Pfeffer
- 1–2 EL gehackte Petersilie

1. Calamaretti auftauen lassen. Knoblauch, Zwiebel, Möhren und Sellerie schälen, Lauch putzen und alles in grobe Stücke schneiden. Calamaretti mit dem Gemüse in einer Schüssel mischen und alles durch einen Fleischwolf drehen.
2. Die Calamaretti-Gemüse-Mischung in einem heißen Topf mit Olivenöl und Lorbeerblatt ca. 90 Minuten braten, bis die Flüssigkeit verdampft ist.
3. Dosentomaten zugeben, mit Fischfond auffüllen und mit Salz und Pfeffer würzen. 10 Minuten köcheln lassen. Petersilie darüberstreuen und nach Belieben, zum Beispiel zu gekochten Nudeln, servieren.

Produktinfo: Kleine Tintenfische, beim Italiener als Calamaretti bekannt, haben ein festes, weißes Fleisch und werden im Handel tiefgefroren oder in Lake eingelegt angeboten.

Flusskrebse im Schweden-Stil

»Ein Biergenuss auf ganz andere Art!«

Zutaten

- 1 Zwiebel
- 1 Vanilleschote
- 2 Flaschen dunkles Bier (à 0,5 l)
- 4–5 Petersilienstängel
- 2 Lorbeerblätter
- 2 Sternanis
- Salz
- 1 EL Zucker
- 2 kg lebende Flusskrebse (40–50 Stück), alternativ bereits gekochte Flusskrebse

1 Die Zwiebel schälen und in grobe Stücke schneiden. Die Vanilleschote längs aufschlitzen. Zwiebel mit allen Gewürzen und Zucker in einem großen Topf mit 5 l Wasser und dem Bier aufkochen. **Tipp:** Als Faustregel gilt: 3 l Wasser für 1 kg Krebse. Falls Sie keinen passenden Topf haben sollten, die Krebse einfach in zwei Portionen kochen!

2 Die Flusskrebse in das wallende Wasser schütten und einmal aufkochen. Den Topf vom Herd nehmen und das Ganze zugedeckt 10 Minuten ziehen lassen. Die Krebse aus dem Sud nehmen und auf einer Platte servieren.

Tipp: Dazu passt als Dip ein Dillquark: 125 g Speisequark mit dem Handrührgerät cremig rühren und mit 1 Msp Cayennepfeffer, Salz und Pfeffer würzen. Mit 2 EL gehacktem Dill mischen und mit einem Spritzer Zitronensaft abschmecken.

Produktinfo: Krebse gehören zur Familie der Krustentiere. Sie leben in Flüssen, Bächen und Seen und werden heutzutage vor allem aus Asien eingeführt. Die kleinsten Krebse wiegen etwa 30 g, die größten 200 g. Ihr weißes, aromatisches Fleisch ist leicht süßlich im Geschmack.

Gebratene Rotbarbe mit Rote Linsen-Tandori-Salat

»Gesund und sehr lecker!«

Zutaten

Rote-Linsen-Tandori-Salat
1 Möhre
100 g Sellerie
1 Knoblauchzehe
100 g Lauch
200 g rote ungeschälte Linsen
2 EL Olivenöl
2 EL Tandori-Paste (aus dem Asialaden)
200 ml Brühe
1 rote Zwiebel
1 Salatgurke
2 Tomaten (ca. 250 g)
Salz
Pfeffer
Saft von 1 Zitrone

Rotbarbe
8 Rotbarbenfilets (750–800 g)
Salz
Pfeffer
1 TL Butter
1 TL gehackter Thymian

1 Für den Linsensalat die Möhre, Sellerie und Knoblauch schälen und halbieren, den Lauch halbieren und alles in feine Würfel schneiden. Die Linsen waschen und in einem Sieb abtropfen lassen.

2 Die Gemüsewürfel in einem Topf mit Olivenöl 2–3 Minuten anschwitzen, die Linsen zugeben und mit der Tandori-Paste mischen. Mit Brühe aufgießen und 10 Minuten bei schwacher Hitze köcheln lassen. In eine flache Schüssel umfüllen und abkühlen lassen.

3 Die Zwiebel schälen, halbieren und klein schneiden. Die Gurke schälen, halbieren und mit einem Löffel das Kerngehäuse entfernen. Die Tomaten vierteln, den grünen Stielansatz herausschneiden. Tomate und Gurke in kleine Würfel schneiden. Zwiebel, Gurken und Tomaten mit den Linsen in einer Schüssel mischen, mit Salz und Pfeffer würzen und mit Zitronensaft beträufeln.

4 Die Rotbarbenfilets mit Salz und Pfeffer würzen und in einer Pfanne mit schäumender Butter von beiden Seiten 2–3 Minuten bei geringer Hitze anbraten. Mit Thymian bestreuen, auf vier Tellern mit dem Linsen-Gemüsesalat anrichten und servieren.

Variante: Tandori-Spieße mit Rote-Linsen-Gemüse-Salat

2 Hühnerbrüste in grobe Stücke schneiden und mit 1 EL Tandori-Paste 10 Minuten marinieren. Die Linsen ohne Tandori-Paste wie oben beschrieben zubereiten. Mit Zwiebeln, Tomaten und Gurken mischen und marinieren. Die Fleischstücke einzeln auf Holzspieße stecken und mit Salz und Pfeffer würzen. Die Spieße in einer Pfanne mit 2 EL Olivenöl 3–4 Minuten bei starker Hitze anbraten, herausnehmen und mit dem Linsen-Gemüse-Salat servieren.

Produktinfo: Linsen gehören zu den Hülsenfrüchten. Es gibt schwarze, braune, grüne, rote oder gelbe Linsen. Die teuerste Linsensorte ist die Beluga-Linse, eine schwarze, aus Kanada stammende Linsenart. Linsen haben einen hohen Nährwert. Sie sind fettarm, enthalten viel Eiweiß und Kohlenhydrate, Mineralstoffe (Eisen) und Vitamine (Vitamin B).

Saltimbocca vom Lachs mit duftendem Kartoffelpüree

»Eine Inspiration mit einem spanischen Top-Star, dem Pata-Negra-Schinken. Da er zu wertvoll ist, wie Speck in der Pfanne zu enden, habe ich ihn, vom Lachs geschützt, wohlbehütet zubereitet.«

Zutaten

Zitronen-Kartoffelpüree
750 g Kartoffeln (mehligkochend)
Salz
250 ml Milch
4 EL Olivenöl
Abrieb und Saft von 1 Zitrone
Muskat

Lachs-Saltimbocca
4 Lachstranchen mit Haut (à 180 g)
4 Scheiben Jamon Iberico Pata Negra
4 Salbeiblätter
Salz
Pfeffer
2 EL Olivenöl
150 g Butter
1 Knoblauchzehe
200 g Kirschtomaten

1 Die Kartoffeln schälen und in einem Topf mit Salzwasser weich kochen, abgießen und ausdampfen lassen. Die Kartoffeln mit der Kartoffelpresse in eine Schüssel pressen und abwechselnd mit warmer Milch und Olivenöl glatt rühren. Zitronenabrieb und Zitronensaft zugeben und mit Salz und Muskat würzen.

2 In die Lachstranchen vorsichtig eine Tasche schneiden und mit je einer Scheibe eingerolltem Jamon Iberico und einem Salbeiblatt füllen. Mit Salz und Pfeffer würzen und in einer Pfanne mit Olivenöl von jeder Seite 4 Minuten bei mittlerer Hitze braten. Den Lachs herausnehmen, die Butter mit der Knoblauchzehe goldbraun erhitzen und die Kirschtomaten 2 Minuten darin schwenken. **Tipp:** Die Butter nicht zu stark erhitzen, sonst verbrennt sie!

3 Die Lachstranchen auf einem Teller anrichten, mit den Kirschtomaten bedecken und mit dem Zitronen-Kartoffelpüree servieren.

Variante: Eine interessante Geschmacksnote bekommen die Saltimbocca, wenn Sie jede Lachstranche zusätzlich mit 2 entsteinten Datteln füllen.

Produktinfo: »Pata Negra« ist die Bezeichnung für Jamon Iberico, den luftgetrockneten »iberischen Schinken«. Er wird aus dem schwarzen Schwein hergestellt, das wegen seiner schwarzen Klaue (das ist der Zehnagel) so genannt wird. Die höchste Qualitätsstufe erreicht der »Jamon Iberico de Bellota D.O.«. Der Schinken mit dieser Herkunftsbezeichnung wird von Experten als der beste Schinken der Welt bezeichnet.

Lachsforelle in der Salzkruste

FISCH & MEER

»Im Salz wohlgebettet und von Aromen ›umtüdelt‹ – mein Highlight des Südens!«

Zutaten

- 1/2 kg grobes Meersalz
- 1 Eiweiß
- 2 Lachsforellenfilets mit Haut (ca. 1,2 kg)
- 3 Zweige grob gehackte Minze
- 3 Zweige grob gehackte Petersilie
- 1 Zwiebel
- 1 gelbe Paprikaschote (200 g)
- 1 Zucchini (300 g)
- 1 Aubergine (300 g)
- 3 EL Olivenöl
- 4 feste Strauchtomaten (ca. 400 g)
- Salz
- Pfeffer
- 1 Prise Zucker
- 1 EL gehacktes Basilikum

1. Meersalz, Eiweiß und 2 EL kaltes Wasser in einer Schüssel mischen. **Tipp:** Das Eiweiß leicht anschlagen, damit es sich besser verbindet!

2. Die Hälfte der Salzmischung auf ein mit Backpapier ausgelegtes Backblech geben und rechteckig formen. Ein Fischfilet mit der Hautseite nach unten auf das Salz legen, Minze und Petersilie darauf verteilen. Das zweite Filet mit der Hautseite nach oben darauflegen und mit dem restlichen Salz dünn bedecken. Im vorgeheizten Ofen bei 220 °C (Umluft 200 °C) 20 Minuten backen.

3. Die Zwiebel schälen und in Spalten schneiden. Die Paprikaschote halbieren und das Kerngehäuse entfernen, von der Zucchini und der Aubergine den Stielansatz entfernen. Paprikaschote, Zucchini und Aubergine in Scheiben schneiden.

4. Das Gemüse in einer Grillpfanne mit Olivenöl 3—4 Minuten grillen und in eine Schüssel geben. Die Tomaten auf einer Gemüsereibe grob reiben, unter die Gemüsestreifen mischen und mit Salz, Pfeffer und Zucker würzen.

5. Die Fischfilets aus dem Ofen nehmen und die Salzkruste mit der Haut der Filets vorsichtig entfernen. Die Filets und das Gemüse auf vier Teller verteilen und mit Basilikum bestreuen.

Produktinfo: Das Garen in der Salzkruste oder im Salzteig ist ein traditionelles und besonders schonendes Verfahren zur Zubereitung empfindlicher Zutaten. Fische, Geflügel, aber auch Fleisch werden so im eigenen Aroma schonend gegart. Auf ein Kilogramm Garprodukt rechnet man 2 Kilogramm Salz.

Garnelen mit grobem Meersalz gebraten

112 FISCH & MEER

»So einfach und so lecker. Dazu ein Stück Brot für die Tunke – ein Gedicht!«

Zutaten

1 kg Garnelen mit Kopf und Schale
  (8/12)
1 Knoblauchzehe
2 Chilischoten
1 Rosmarinzweig
100 ml Olivenöl
3 EL grobes Meersalz

1 Die Garnelen mit einem Sägemesser am Rücken entlang dünn einschneiden und den Darm herausziehen.

2 Knoblauch, Chilischoten und Rosmarin in einer Pfanne mit Olivenöl erhitzen. Die Garnelen in die heiße Pfanne legen und kräftig anbraten.

3 Nach 3—4 Minuten das Meersalz zugeben und die Garnelen in der Mischung wenden. Weitere 2—3 Minuten braten, herausnehmen und servieren. **Tipp:** Wer möchte, kann die Garnelen mit etwas Zitronensaft beträufeln!

Produktinfo: Die Garnelen zählen zu den Krustentieren und werden 8—15 cm groß. Die Angabe (8/12) ist eine Art Größenbezeichnung, das heißt, es sind 8 bis 12 Garnelen pro Kilo. Hier handelt es sich um die größten ihrer Sorte.

Gebratener Zander mit Erbsenrisotto

FISCH & MEER 115

»Als ›leicht und kross‹ kann man die Zubereitung dieses Süßwasserfisches bezeichnen.«

Zutaten

Risotto

100 g TK-Erbsen

1 Zwiebel

5 EL Olivenöl

200 g Risottoreis (z. B. Arborio)

100 ml Weißwein

500 ml Gemüsefond oder -brühe

2 kleine Römersalatherzen

50 g geriebener Parmesan

Salz

Pfeffer

4 Zanderfilets à 160 g

Salz

Pfeffer

Mehl zum Bestäuben

4 Zweige Thymian

3 EL Olivenöl

1 Für das Risotto die Erbsen auftauen lassen. Die Zwiebel schälen und in feine Würfel schneiden. Zwiebel in einem Topf mit 2 EL Olivenöl 2—3 Minuten glasig anschwitzen, den Reis zugeben, mit Weißwein ablöschen und mit der Hälfte des Gemüsefonds auffüllen. 15—20 Minuten bei geringer Hitze köcheln lassen, den restlichen Fond nach und nach zugießen, dabei immer wieder umrühren.

2 Die Salatherzen in Streifen schneiden, mit den Erbsen unter das Risotto mischen und den Parmesan unterrühren. Mit Salz und Pfeffer abschmecken.

Die Zanderfilets leicht einschneiden, mit Salz und Pfeffer würzen und auf der Hautseite mit Mehl bestäuben. Die Thymianzweige halbieren und die Schnittstellen damit spicken.

3 Die Zanderfilets mit der Hautseite nach unten in eine Pfanne mit dem restlichen Olivenöl legen. Bei mittlerer Hitze 6 Minuten kross braten, so dass sie innen glasig bleiben. Dann kurz auf die Fleischseite drehen und aus der Pfanne nehmen.

4 Die Fischfilets mit dem Risotto servieren. **Tipp:** Das perfekte Risotto gelingt Ihnen, wenn Sie zum Aufgießen heiße Brühe benutzen, dadurch wird der Garprozess nicht unterbrochen. Das Risotto sollte nicht zu trocken sein – es soll fließen!

Variante: Safranrisotto mit schwarzen Oliven

1 Zwiebel schälen und fein würfeln, in einem Topf mit 2 EL Olivenöl 2—3 Minuten glasig anschwitzen. 200 g Risottoreis zugeben, mit Salz und 1 Msp Safranfäden würzen und mit 250 ml kochender Brühe auffüllen. 15—20 Minuten bei geringer Hitze köcheln lassen, dabei 250 ml Brühe nach und nach zugießen und immer wieder umrühren. Zum Schluss 50 g Parmesan und 100 g grob gehackte schwarze Oliven untermengen.

Produktinfo: Zander leben in warmen Seen und Flüssen und sind in Mittel- und Osteuropa verbreitet. Ihr schlanker Körper mit spitzem Kopf und einer großen Rückenflosse ist mit giftigen Stacheln versehen. Im Handel werden vorwiegend Zanderfilets von Zuchtfischen angeboten. Bei einem ganzen Exemplar nehmen Sie sich vor der vorderen Rückenflosse in Acht!

Gegrillter Thunfisch mit Avocado-Kartoffel-Salat

FISCH & MEER 117

»Inspiriert von meinem Lieblings-Japaner, kam ich auf diese herrliche Kombination ...«

Zutaten

600 g Thunfischfilet

Salz

Pfeffer

1 EL Olivenöl

4 EL Naturjoghurt

1 TL Wasabipaste (aus dem
   Asialaden)

1 Bund Schnittlauch, geschnitten

Avocado-Kartoffel-Salat

750 g kleine Kartoffeln (vorwiegend
   festkochend)

Salz

4 Avocados

100 ml Gemüsebrühe

Saft von 1 Zitrone

125 ml Olivenöl

1 EL grober Senf

Pfeffer

1 Bund Brunnenkresse, gezupft

1 Das Thunfischfilet in 3 x 10 cm große Stücke schneiden, mit Salz und Pfeffer würzen. Die Fischstücke in einer heißen Grillpfanne mit wenig Öl 10 Sekunden (!) von jeder Seite kräftig anbraten und sofort herausnehmen.

2 Joghurt in einer Schüssel mit der Wasabipaste glatt rühren. Die Thunfischstücke vorsichtig in die Marinade legen und im Kühlschrank ca. 30 Minuten ziehen lassen.

3 In der Zwischenzeit die Kartoffeln mit Schale in einem Topf mit Salzwasser 15 Minuten bissfest kochen, abgießen und pellen.

4 Die Kartoffeln in 1/2 cm breite Scheiben schneiden und in eine Schüssel geben. Die Avocados schälen, entsteinen, in 1 cm große Würfel schneiden, mit den Kartoffeln mischen.

5 Gemüsebrühe, Zitronensaft, Olivenöl, Senf, Salz und Pfeffer zu einem Dressing verrühren, den Salat darin marinieren. **Tipp:** Die Brühe warm hinzufügen, dann wird sie von den Kartoffeln besser aufgesogen!

6 Zugedeckt 15 Minuten ziehen lassen, noch einmal abschmecken und mit der Brunnenkresse anrichten.

7 Den Thunfisch aus der Marinade nehmen und die Stücke in den Schnittlauchröllchen wälzen. Thunfisch halbieren und mit dem Avocado-Kartoffel-Salat servieren.

Produktinfo: Thunfisch, allen als Dosenware bestens bekannt, hat es eigentlich nicht verdient, auf diese Weise verzehrt zu werden. Sein Konkurrent, der Gelbflossen-Thunfisch, ist vor allem in der asiatischen Küche als Sushi oder Sashimi sehr begehrt. Sein rotes, fast marzipanähnliches Fleisch ist reich an Vitaminen und zeichnet sich durch einen hohen Gehalt an Jod und Omega-3-Fettsäuren aus.

Gratinierte Greenshell-Muscheln mit Blattspinat

»Die fleischigere Schwester der Miesmuschel schmeckt gratiniert besonders gut!«

Zutaten

- 1 kg TK-Greenshell-Muscheln
- 1 Zwiebel
- 1 kg Spinatblätter (ersatzweise TK-Blattspinat)
- 2 EL Olivenöl
- Salz
- Pfeffer
- Muskat
- 300 ml geschlagene Sahne
- 2 Eigelb
- 75 g geriebener Parmesan
- 1 EL geriebener Meerrettich
- 2 EL geriebenes Weißbrot
- Saft von 1 Zitrone

1 Die Muscheln auftauen lassen. Die Zwiebel schälen, halbieren und in kleine Würfel schneiden. Die Spinatblätter gründlich waschen

2 Die Zwiebelwürfel in einem Topf mit Olivenöl 3–4 Minuten anschwitzen und die Spinatblätter zugeben. Mit Salz, Pfeffer und Muskat würzen und 1–2 Minuten zusammenfallen lassen. Den Spinat herausnehmen und die Flüssigkeit leicht ausdrücken.

3 Die Sahne mit Eigelb, Parmesan und Meerrettich in einer kleinen Schüssel glatt rühren.

4 Die Muscheln mit einem Löffel von der Schale lösen und die Schalen gleichmäßig auf dem Backblech verteilen. Spinat in die Muschelschalen füllen und das Muschelfleisch daraufsetzen. Die Sahnemischung darauf verteilen und mit Weißbrot-Bröseln bestreuen.

5 Die Muscheln im vorgeheizten Backofen auf der mittleren Schiene auf Grillstufe 6–7 Minuten goldbraun gratinieren. Herausnehmen, mit etwas Zitronensaft beträufeln und sofort servieren.

Variante: Wer keinen Spinat mag, kann ihn durch feine Gemüsestreifen ersetzen. 1/2 Fenchelknolle (200 g) waschen und den keilförmigen Strunk entfernen, 2 Möhren schälen. Fenchel und Möhren mit dem Gemüsehobel in feine Streifen schneiden. Die Gemüsestreifen in kochendem Wasser 1–2 Minuten blanchieren, herausnehmen und abschrecken. Das Gemüse in die Muschelschalen verteilen und weiter zubereiten wie oben beschrieben.

Produktinfo: Greenshell-Muscheln stammen aus Neuseeland und werden bei uns vorwiegend als TK-Produkt angeboten. Ihr Fleisch ähnelt unserer heimischen Miesmuschel, sie ist jedoch dickfleischiger. Ihre Schale schimmert grünlich, wovon sich auch ihr Name ableitet.

FLEISCH

Fleisch ist eine ehrliche Haut – das ist es, was ich an ihm so mag. Ein richtig gutes Stück Fleisch hat seinen Preis, dann braucht es aber auch keine Zauberkünstler in der Küche. Ohne viel Drumherum, ganz schlicht und einfach zubereitet, stehen Schwein, Rind und Lamm besonders gern im Rampenlicht und überzeugen mit dem, was sie am besten können: lecker schmecken!

Fleisch ist nicht gleich Fleisch

SICHER KAUFT EIN PROFIKOCH ANDERS EIN ALS FRAU MEYER AUS BUXTEHUDE, ABER EINES SOLLTEN SICH AUCH HAUSFRAUEN, SINGLES UND SPARFÜCHSE ZU HERZEN NEHMEN: WER EIN SAFTIGES STÜCK FLEISCH HABEN WILL, DAS RICHTIG LECKER SCHMECKT, MUSS ETWAS TIEFER IN DIE TASCHE GREIFEN. GUTE QUALITÄT HAT IHREN PREIS – DAS GILT VOR ALLEM BEIM FLEISCH. UND DAS ZU RECHT.

Der artgerechte Weg vom Tier zum Schnitzel kostet Zeit und Geld. Schweine und Rinder, die ausgewogenes Futter bekommen und genügend Auslauf haben, setzen nicht so schnell und nicht nur Fett an (wer kennt das nicht ...). Gut für die Tiere und gut für Sie, denn das Fleisch schmeckt einfach besser.

Schon der Einkauf beim Schlachter macht mehr Spaß, als eine eingeschweißte Packung aus der Kühltheke zu ziehen. Und man ist bei ihm auch besser aufgehoben. Denn Fleisch kaufen ist Erfahrungssache, und warum sollte man nicht das Wissen des Fachmanns nutzen? Der Schlachter Ihres Vertrauens wird Ihnen verraten, woran man gute Qualität erkennt, und Ihnen nicht die Katze im Sack verkaufen.

IST ES NICHT KOMISCH, DASS ES DEN MEISTEN VERBRAUCHERN WICHTIGER IST, EIN TEURES AUTO ZU FAHREN UND DAS NEUESTE HANDY ZU BESITZEN, ALS FÜR GUTE LEBENSMITTEL ETWAS MEHR GELD AUSZUGEBEN?

Die meisten wollen möglichst billiges Fleisch, und davon darf es dann gerne auch ein bisschen mehr sein. Das Fleisch soll möglichst mager sein, und in der Küche muss es schnell gehen. Also sollten Schweine und Rinder am besten nur noch aus Filets und Steaks bestehen. Alles andere passt offenbar einfach nicht mehr in die fitnessorientierte, genussarme Blitzküche von heute.

Da hat ein Bauer, der seine Tiere artgerecht hält, keine Chance – weder was die Menge noch was den Preis angeht. Die Folge: Mittlerweile stammen über 90 Prozent Fleisch aus Massentierhaltung. Dafür werden spezielle Rinder- und Schweinerassen gezüchtet, die möglicht viel fettarmes Muskelfleisch in möglichst kurzer Zeit ansetzen. Wenig Bewegung und ein eiweißreiches Kraftfutter fördern das Turbo-Wachstum, so dass die Tiere immer früher geschlachtet werden – Jungbullen bereits mit 18 Monaten. Dass darunter nicht nur die Tiere leiden, sondern auch die Qualität und der Geschmack, ist eigentlich logisch. Kein Wunder also, dass die Steaks in der Pfanne immer kleiner werden und Fleischskandale sich häufen. Da hilft nur eines: Besser nur ein- bis zweimal pro Woche Fleisch essen, dafür aber wirklich gutes. Ob Biofleisch oder Fleisch aus artgerechter Tierhaltung, entscheidet jeder für sich.

Fleisch richtig einkaufen

NUR EIN GESPRÄCHIGER SCHLACHTER IST EIN GUTER SCHLACHTER. Fragen Sie nach Herkunft, Haltung und Futter der Tiere, und Sie erfahren, ob das Fleisch wirklich aus artgerechter Tierhaltung stammt. Auch Alter und Geschlecht der Tiere bestimmen die Fleischqualität. Fleisch von jungen, noch nicht geschlechtsreifen Tieren ist hell, zart und saftig. Mit zunehmendem Alter wird es dunkler und intensiver in Geruch und Geschmack, zunehmend aber auch trockener und zäher. Fleisch von männlichen Tieren ist besonders aromatisch. Bei kastrierten Tieren hat es feinere Fasern, eine gleichmäßiger ausgebildete und durchwachsene Muskulatur, es ist zarter, saftiger und meist fettreicher.

Bei der Fleischstruktur ist entscheidend, wie dick die Muskelfasern sind. Kalb- und Lammfleisch sind zum Beispiel feinfaserig. Auch die Marmorierung sagt etwas über die Qualität aus. Das intramuskuläre Fett, also die dünnen Fetteinla-

gerungen, die den Muskel zwischen den Fasern durchziehen, sorgt dafür, dass das Fleisch nach dem Garen zart und saftig wird. Ein gutes Stück Fleisch darf mit Fett durchzogen oder marmoriert und ruhig etwas länger abgehangen sein. Es ist saftiger und viel aromatischer als mageres Fleisch.
Damit Fleisch überhaupt schmeckt, muss es reifen. Direkt nach dem Schlachten ist es zäh und wenig aromatisch – erst während des Abhängens wird es zart und schmackhaft. Warum? In den Muskelfasern bildet sich Milchsäure, die das Eiweiß des Fleisches verändert und damit auch seine Struktur entwickelt. Das Fleisch wird mürbe, ist besser verdaulich und bekommt seinen typischen Geschmack.

Rindfleisch sollte für Kurzbratstücke nach dem Schlachten drei bis vier Wochen abhängen. Schweinefleisch muss nur 48 Stunden abhängen und darf nur innerhalb von drei Tagen nach dem Schlachten verkauft werden. Dann sollte es auch möglichst bald zubereitet werden.

Hauptsache billig – gibt's nicht

Abgepacktes Fleisch im Sonderangebot (meist Schweinefleisch) ist mit Vorsicht zu genießen. Liegt das Fleisch im eigenen Saft, verliert es auch beim Zubereiten übermäßig Fleischsaft – es wird zäh und trocken und hat kaum noch Geschmack.

FINGER WEG VON »PFANNENFERTIG«
Lassen Sie Fleisch, das schon fix und fertig und bis zur Unkenntlichkeit gewürzt oder mariniert ist, am besten links liegen. Es ist unnötig teuer, die Qualität lässt sich aber nicht mehr beurteilen.

So gesund ist Fleisch

Fleisch ist einer der wichtigsten Eiweißlieferanten. Mageres Muskelfleisch vom Rind (ohne sichtbares Fett) enthält zum Beispiel 21 Prozent Eiweiß, 1,7 bis 2 Prozent Fett und etwa 75 Prozent Wasser. Wegen der speziellen Zusammensetzung von Aminosäuren hat das Eiweiß eine hohe biologische Wertigkeit, das heißt, der Mensch kann daraus viel körpereigenes Eiweiß aufbauen. Fleisch liefert außerdem viele B-Vitamine, Vitamin A und D sowie die Mineralstoffe Kalium, Natrium und Eisen. Im Vergleich zum Eisengehalt pflanzlicher Lebensmittel wie Vollkornprodukte, Hirse, grünes Gemüse usw. ist Eisen aus tierischen Lebensmitteln besser verfügbar und kann im Körper besser verwertet werden.

Und wie steht's um die Verträglichkeit?

Grundsätzlich gilt: Je fettarmer das Fleisch, desto leichter ist es verdaulich. Auch Fleisch, das länger abgehangen ist, ist besser verträglich als »frisches« Fleisch.

Krosser Schweinebauch mit Steckrüben und Birnen

FLEISCH 125

»Eine Variante des norddeutschen Klassikers Birnen, Bohnen und Speck ist dieses Gericht mit Schweinebauch. Da die fetteren Fleischteile einfach mehr Geschmack haben und auch nicht jeden Tag verzehrt werden, sollten Sie mal ein Auge zudrücken und trotz Schlankheitswahn diesem köstlichen Gericht eine Chance geben.«

Zutaten

1 Schweinebauch mit
   Schwarte (1,2 kg)
1 Zwiebel
1 Steckrübe (ca. 700 g)
4 Birnen (vorzugsweise kleine
   Kochbirnen)
3 EL Öl
300 ml Gemüsebrühe

Marinade

1 Knoblauchzehe
2 EL mittelscharfer Senf
1 EL Honig
Abrieb von 1/2 Zitrone
2 EL gehackte Kräuter (z. B. Petersilie, Thymian, Majoran, Rosmarin)
1 EL Semmelbrösel

1 Den Schweinebauch mit der Hautseite nach unten in einen Bräter legen und Wasser angießen, bis die Schwarte vollständig bedeckt ist. Bei geringer Hitze 10 Minuten köcheln lassen, herausnehmen und die Schwarte mit einem scharfen Messer kreuzweise einschneiden. Das Wasser abgießen, den Bräter abtrocknen.

2 Zwiebel und Steckrübe schälen und grob würfeln. Die Birnen schälen, das Kerngehäuse entfernen, Birnen vierteln.

3 Das Öl im Bräter erhitzen und Gemüse und Birnen farblos anschwitzen. Mit der Brühe aufgießen, den Schweinbauch zugeben und im vorgeheizten Ofen bei 200 °C (Umluft 180 °C) 90 Minuten garen, bis die Schwarte kross ist.

4 Für die Marinade den Knoblauch schälen und klein schneiden. Mit Senf, Honig, Zitronenabrieb, Kräutern und Semmelbröseln zu einer würzigen Marinade verrühren. Den Schweinbauch damit bestreichen. Weitere 10 Minuten garen. Aus dem Ofen nehmen und servieren.

Variante: Falls von diesem leckeren krossen Schweinebauch etwas übrig bleiben sollte, empfehle ich ein dünn aufgeschnittenes und mariniertes Zwiebelfleisch mit gebratenen Kapern.

Produktinfo: Der Schweinebauch ist ein mit Fett durchwachsenes und mit Rippen durchzogenes Fleischstück aus dem hinteren, unteren Brustkorb. Mit Rippen wird es zum Beispiel zu den köstlichen Spareribs verarbeitet, ausgelöst findet es als gekochtes Bauchfleisch (auch Wammerl genannt), als Kurzgebratenes vom Grill, als Schaschlik oder als durchwachsener Speck seine Verwendung.

Schweine Fleisch!!!

Deftiges weißes Bohnen-Cassoulet

FLEISCH **127**

»Ein herrliches Gericht an einem kalten Wintertag, das nicht nur unser Herz erwärmt ...«

Zutaten

200 g getrocknete weiße Bohnen

1 Knoblauchzehe

1 Zwiebel

1 Möhre

200 g Sellerie

100 g Lauch

200 g Bacon am Stück

3 EL Olivenöl

1 TL Paprikapulver edelsüß

1 Dose stückige Tomaten (425 g)

1 Lorbeerblatt

200 ml Weißwein

0,5 l Brühe

Salz

Pfeffer

4 EL Crème fraîche

1 EL gehackte Petersilie

1 Die Bohnen über Nacht, mindestens jedoch 12 Stunden in kaltem Wasser einweichen. In einem Sieb gründlich waschen und abtropfen lassen.

2 Knoblauch und Zwiebel schälen, halbieren und fein würfeln. Möhre und Sellerie schälen, den Lauch putzen und alles in kleine Würfel schneiden. Den Bacon in 2x3 cm große Stücke schneiden.

3 Knoblauch und Zwiebel in einem Topf mit Olivenöl anschwitzen, Möhren-, Sellerie- und Lauchwürfel zugeben und 3—4 Minuten andünsten. Bacon und Bohnen zugeben, mit Paprikapulver bestäuben und mit Tomaten und Lorbeerblatt mischen. Mit Weißwein ablöschen und mit Brühe aufgießen. Bei mittlerer Hitze 50 Minuten köcheln lassen, bis die Bohnen weich sind. **Tipp:** Einen Teelöffel Natron zugeben, dann garen die Bohnen schneller!

4 Das Bohnen-Cassoulet mit Salz und Pfeffer würzen. Crème fraîche und Petersilie verrühren. Auf der Cassoulet anrichten. **Tipp:** Die Bohnen erst zum Schluss salzen, sonst bleiben sie hart!

Würzige Variante: Weißes Bohnen-Cassoulet mit Chorizos

Bohnen-Cassoulet wie oben beschrieben zubereiten. Anstelle des Bacon 1—2 Chorizos (spanische Paprikawurst) in grobe Stücke schneiden und mitkochen. Zum Schluss mit 1 EL Aioli verfeinern, mit 1 EL gehackter Petersilie bestreuen und servieren.

Produktinfo: Weiße Bohnen gehören zur Familie der Hülsenfrüchte und werden getrocknet oder vorgegart in Dosen im Handel angeboten. Sie sind nur im gegarten Zustand genießbar und benötigen eine Garzeit von 50—60 Minuten. Weiße Bohnen sind nicht nur sehr vitaminreich, sie versorgen den Körper auch ausreichend mit Kraftreserven: Neben Stärke und Proteinen enthalten sie wichtige Mineralstoffe wie Magnesium, Eisen, Kalium und Kalzium.

Rinderrouladen mit frischen Feigen

FLEISCH 129

»Die Rinderroulade ist das Vorzeigebeispiel für ein Schmorgericht. Sie ist als Klassiker jedem Gaumen bekannt und doch offen für überraschend neue Kombinationen.«

Zutaten

4 dünne Scheiben Rouladenfleisch
(vorzugsweise aus der Oberschale)
1 TL scharfer Senf
Salz
Pfeffer
1/2 TL Paprikapulver edelsüß
4 frische Feigen
4 Datteln ohne Stein
50 g Mandelblättchen
1 Zwiebel
2 EL Öl
1 EL Tomatenmark
150 ml Rotwein
300 ml Rinderfond
evtl. etwas Stärke zum Binden
der Sauce

1. Das Rouladenfleisch flach auf eine Arbeitsfläche legen, mit Senf bestreichen, mit Salz, Pfeffer und Paprikapulver würzen. Die Feigen mit Haut in dünne Scheiben schneiden, die Datteln halbieren, mit den Mandelblättchen gleichmäßig auf dem Fleisch verteilen. Fest zu einer Roulade aufrollen und mit Zahnstochern befestigen.
2. Die Zwiebel schälen, halbieren und in grobe Würfel schneiden. Die Rouladen in einer heißen Pfanne mit Öl von allen Seiten kräftig anbraten. Die Zwiebel zugeben, kurz andünsten und Tomatenmark unterrühren. Mit Rotwein ablöschen und kurz aufkochen. Mit Rinderfond aufgießen und zugedeckt 1 1/2 Stunden bei leichter Hitze schmoren.
3. Die Rouladen aus dem Fond nehmen und die Sauce mit der angerührten Stärke leicht binden. **Tipp:** Die Sauce lässt sich auch vorzüglich mit Pumpernickel binden.

 Variante: Rouladen lassen sich aus den verschiedensten Fleischsorten zubereiten. Ein Beispiel:

Lammroulade aus der Keule, gefüllt mit Safran-Tomaten

1. Für die Füllung 100 g getrocknete Tomaten mit 100 ml Weißwein und einer Messerspitze Safranfäden so lange einkochen, bis die Tomaten die Flüssigkeit restlos aufnehmen.
2. 4 Fleischscheiben aus der Lammkeule (1,2 kg) mit Salz und Pfeffer würzen, mit den Safran-Tomaten belegen und fest einrollen. Mit Zahnstochern befestigen und in einer Pfanne von allen Seiten anbraten.
3. Mit 150 ml Rotwein ablöschen, mit 300 ml Lammfond aufgießen und 1 1/2 Stunden leicht köcheln lassen. 10 schwarze Oliven klein schneiden, in die Sauce geben und servieren.

 Produktinfo: Schmoren ist eine Garmethode für gewebereiches Fleisch. Die Flüssigkeitsaufnahme verleiht selbst reiferen Vierbeinern wieder ein zartes Dasein mit vollem Geschmack. Die festgelegte Reihenfolge der Arbeitsschritte – anbraten, mit Flüssigkeit aufgießen und zugedeckt köcheln lassen – gilt für alle Schmorgerichte, sei es die Rinderroulade, die Kalbshaxe oder das Gulasch.

Lamm-Curry

130 FLEISCH

»Der bekannte gelbe Puder auf unserer populären Currywurst hat weitaus mehr Talente, als nur auf Ketchup zu leuchten. Hier zeige ich Ihnen ein herrliches Gericht aus der indischen Küche – das Lamm-Curry.«

Zutaten

1 Knoblauchzehe
1 Zwiebel
1 walnussgroßes Stück Ingwer
100 g Staudensellerie
4 Strauchtomaten (500 g)
1 Lammschulter (1,2 kg)
Salz
Pfeffer
2 EL Mehl
2 EL Erdnussöl
1/2 TL Cumin (Kreuzkümmel)
1/2 TL Koriandersaat
1 EL schwarze Senfsaat
1 EL Currypulver
Limettensaft
1 Prise Zucker

1 Knoblauch, Zwiebel und Ingwer schälen und grob hacken. Sellerie und Tomaten klein schneiden. Alles in einer Küchenmaschine fein pürieren. Koriander und Cumin im Mörser leicht zerstoßen.

2 Das Lammfleisch in 5 cm große Würfel schneiden, mit Salz und Pfeffer würzen und mit Mehl bestäuben. Cumin, Koriander und Senfsaat in einem Topf mit Erdnussöl anrösten. **Tipp:** Senfkörner haben den richtigen Röstgrad erreicht, wenn sie zu springen beginnen. Das Lammfleisch zugeben, mit Currypulver würzen und das Gemüsepüree zugeben. Zugedeckt etwa 1 1/2 Stunden bei leichter Hitze simmern lassen. Mit einem Spritzer Limettensaft und einer Prise Zucker abschmecken.

Variante: Für eine mildere, aber nicht weniger schmackhafte Variante geben Sie etwas Kokosmilch hinzu.

Produktinfo: Curry – auch Koeri genannt – ist die ursprüngliche Bezeichnung für ragout- oder eintopfähnliche Gerichte. Erst die Engländer gaben in der Zeit ihrer Kolonialherrschaft in Indien diesem Gewürz seinen Namen. Curry wird aus über 50 verschiedenen Gewürzsorten hergestellt – allerdings nur für den Export, da es in Indien so nicht verwendet wird. Um sein köstliches Aroma zu erhalten, lässt man das Lamm-Curry bei geringer Hitze nur leicht und somit besonders schonend köcheln. Diese Garmethode nennt man »Simmern«.

Gebratene Rehkeule im Gewürzmantel mit Pilz-Gnocchi

FLEISCH 133

»Dafür würde ich glatt den ›Bambi‹ verleihen!«

Zutaten

1/2 TL gemahlener Zimt

1 TL Pfefferkörner

2 Sternanis

5 Kapseln Kardamom

1 TL getrockneter Rosmarin

1 ausgelöste Rehkeule (ca. 1,3 kg)

Salz

2 EL Olivenöl

Pilz-Gnocchi

400 g Gnocchi (gekocht)

1 Knoblauchzehe

3–4 Blätter Mangold

500 g Mischpilze (Champignons,
   Shiitake, Kräuterseitlinge)

Pfeffer

1 Spritzer Zitronensaft

100 ml Portwein

1 TL Kakao

1 Zimt, Pfefferkörner, Sternanis, Kardamom und Rosmarinnadeln im Mörser mischen und fein zerstoßen. Die Rehkeule mit den Gewürzen einreiben, salzen und in einer Pfanne mit 2 EL Olivenöl 6—7 Minuten von allen Seiten anbraten. Die Keule herausnehmen, auf ein Backblech legen und im vorgeheizten Ofen bei 180 °C (Umluft 160 °C) 35 Minuten garen.

2 Für die Gnocchi den Knoblauch schälen und fein hacken. Mangoldblätter in Streifen schneiden, Pilze putzen und in grobe Stücke schneiden. Pilze und Knoblauch in einer Pfanne mit dem restlichen Olivenöl kräftig anbraten, Mangold und Gnocchi zugeben und alles mit Salz und Pfeffer würzen. Mit Zitronensaft abschmecken und warm stellen.

3 Portwein und Kakao in einem kleinen Topf mischen und einkochen, bis die Sauce leicht bindet. Die Rehkeule in Scheiben schneiden, die Pilz-Gnocchi auf 4 Teller verteilen, Fleisch darauf anrichten und mit Sauce beträufeln.

Variante: Waldpilz-Couscous

400 g Couscous, 1 EL Olivenöl und 1 TL Steinpilzmehl mischen, mit 750 ml kochendem Wasser übergießen und zugedeckt 5 Minuten quellen lassen.

600 g gemischte Waldpilze (Steinpilze, Pfifferlinge, Maronen) putzen, in grobe Stücke schneiden, in einer Pfanne mit 1 EL Butter 5–6 Minuten anbraten, mit Salz und Pfeffer würzen. Den Couscous mit einer Gabel auflockern und die Pilze untermischen. Mit Petersilie bestreuen.

Produktinfo: Das Reh gehört zu den beliebtesten Haarwildarten und ist bis zu einem Alter von 3 Jahren am schmackhaftesten. Es kann bis zu 25 kg schwer werden und darf nur während der Jagdsaison von September bis März geschossen werden.

Knusprig gebackene Hühnerleber mit Zucchini

FLEISCH **135**

»Der ›crunchige‹ Effekt begleitet diese Hühnerleber bis zum letzten Bissen.«

Zutaten

600 g Hühnerleber
150 g frisch geriebene Semmelbrösel
80 g Polentagrieß
150 g Butterschmalz
Salz
Pfeffer

Zucchinigemüse

2 Zucchini (800 g)
2 rote Zwiebeln
1 Knoblauchzehe
2 EL Olivenöl
1 EL Honig
125 ml Rotwein
Salz
Pfeffer
1 Spritzer Zitronensaft
1 TL gehackte Minze

1　Die Hühnerleber in einem Gemisch aus Semmelbrösel und Polentagrieß wenden. Leber in einer Pfanne mit Butterschmalz 4—5 Minuten knusprig braun ausbacken und mit Salz und Pfeffer würzen. Herausnehmen und auf Küchenpapier abtropfen lassen.

2　Die Zucchini vom Strunk befreien und auf einem Gemüsehobel in 1/2 cm breite Scheiben schneiden. Zwiebeln und Knoblauch schälen und in feine Streifen schneiden. Zucchini in einer Pfanne mit Olivenöl 3—4 Minuten kräftig anbraten, Zwiebeln und Knoblauch zugeben, einmal durchschwenken und Zucchinigemüse herausnehmen.

3　Honig in der Pfanne 2—3 Minuten leicht karamellisieren und mit dem Rotwein ablöschen. Mit Salz und Pfeffer würzen und sirupartig einkochen. Das Zucchinigemüse wieder zugeben, mit einem Spritzer Zitrone beträufeln und mit frisch gehackter Minze bestreuen.

Produktinfo: Die Hühnerleber ist ein großer Vitaminlieferant, besonders das für unsere Augen wichtige Vitamin A ist reichlich vorhanden. Ihre zarte Konsistenz ist vergleichbar mit der der Kalbsleber. Hühnerleber wird im Handel meistens gemischt mit anderen Innereien als Hühnerklein angeboten. Für größere Mengen gehen Sie am besten zum Schlachter Ihres Vertrauens und bestellen dort diese kleinen Leckerbissen.

136 FLEISCH

Gebratener Rinderleberspieß vom Lorbeerzweig

»Ein wahrhaft maskulines Vergnügen für jeden Männerabend!«

Zutaten
600 g Rinderleber am Stück
Milch zum Einlegen
150 g Pancetta (italienischer Bauchspeck vom Schwein)
4 Lorbeerzweige ohne Blätter
2 EL Mehl zum Bestäuben
100 g Butterschmalz
Salz
Pfeffer

1 Die Rinderleber in 3 cm große Würfel schneiden und für 1–2 Stunden in eine Schüssel mit Milch legen. **Tipp:** Die Rinderleber am besten bereits am Vortag einlegen und im Kühlschrank aufbewahren.

2 Die Leber aus der Milch nehmen und mit Küchenpapier trocken tupfen. Den Pancetta in 3 cm große Scheibchen schneiden und abwechselnd mit der Leber auf den Lorbeerzweig spießen. **Tipp:** Ersatzweise kann auch ein Rosmarinzweig oder notfalls ein Holzspieß verwendet werden.

3 Die Leberspieße mit Mehl bestäuben, gut abklopfen und in einer Pfanne mit Butterschmalz von allen Seiten 6–7 Minuten anbraten. Mit Salz und Pfeffer würzen, die gebratenen Spieße herausnehmen und servieren.

Beilage: Überbackene Auberginen

1. 1 Zwiebel schälen, in Würfel schneiden und mit 1 gehackten Knoblauchzehe in Olivenöl anschwitzen. 1 Dose Pizzatomaten zugeben und mit Thymian, Salz, Pfeffer und Zucker abschmecken. Alles bei niedriger Hitze etwa 10 Minuten köcheln lassen.
2. Den Stielansatz von 2 Auberginen entfernen. Die Auberginen der Länge nach halbieren und mit einem Messer ein Gittermuster in das Fruchtfleisch schneiden, ohne dabei die Haut zu verletzen. Mit Salz, Pfeffer und dem Saft einer Zitrone würzen.
3. Die Auberginen mit der Hautseite nach unten in eine eingeölte feuerfeste Form legen und reichlich vom Tomatensugo darauf verteilen. Im vorgeheizten Backofen bei 150 °C (Umluft 135 °C) etwa 30 Minuten garen.
4. Den Parmesan über die Auberginen streuen und für 3 Minuten bei starker Oberhitze oder unter dem Grill überbacken.

Produktinfo: Der kräftige Geschmack der Rinderleber kann manchmal sogar leicht bitter sein. Legt man die Leber vor dem Zubereiten mindestens 1 Stunde in Milch ein, werden ihr Bitterstoffe entzogen. Leber ist grundsätzlich sehr gesund und wird vom Kalb, Rind, Schwein, Lamm, Geflügel, aber auch von einigen Fischarten angeboten. Stopfleber ist eine weitere Variante, die zwar beliebt, aber auch sehr umstritten ist.

Kalbsbrust »Black and Powder«

FLEISCH 139

»Ein Rezept, das zwar einen großen Vorrat an Gewürzen erfordert, aber zugleich auch für Ordnung im Gewürzregal sorgt ... Kalbsbrust in dieser sehr ausgefallenen Zubereitungsart wird in Ihrer Rezeptsammlung bald unabkömmlich sein. Inspiriert wurde ich dabei von der Küche Jamaikas.«

Zutaten

Kalbsbrust

je 2 EL schwarze Pfefferkörner, Koriandersaat, Cumin (Kreuzkümmel), Fenchelsaat, Senfkörner

4 Kapseln Kardamom

je 2 EL getrockneter Thymian, getrockneter Majoran, Paprikapulver edelsüß, Currypulver

2 Zwiebeln

2 Knoblauchzehen

1 Kalbsbrust (1,8 kg)

Salz

3 EL Olivenöl

Vichy-Möhren

500 g Möhren

1 Vanilleschote

1 TL Butter

1 TL Zucker

Salz

150 ml Mineralwasser

1 Spritzer Zitronensaft

1 Pfefferkörner, Koriandersaat, Cumin, Fenchel, Senfkörner und Kardamom in einer Pfanne ohne Öl anrösten, bis etwas Rauch aufsteigt, anschließend im Mörser zerstoßen. Thymian, Majoran, Paprikapulver und Currypulver zugeben und die Gewürze gut vermischen. Zwiebeln und Knoblauch schälen und vierteln.

2 Die Kalbsbrust salzen und in der Gewürzmischung wenden. In einem Bräter mit Olivenöl von beiden Seiten kräftig anbraten und herausnehmen. Zwiebeln und Knoblauch in den Bräter geben und goldbraun anbraten. Die Kalbsbrust auf die Zwiebel-Knoblauch-Mischung legen, mit einer Tasse Wasser aufgießen und im vorgeheizten Ofen bei 200°C (Umluft 180 °C) 30 Minuten garen. Die Hitze auf 160 °C (Umluft 140 °C) reduzieren und weitere 60 Minuten garen.

3 Die Möhren schälen, halbieren und in grobe Stifte schneiden. Die Vanilleschote der Länge nach halbieren und das Mark herauskratzen. In einem Topf die Butter mit Zucker und Salz aufschäumen, Möhren, Vanillemark und -schote zugeben und anschwenken. Mit Mineralwasser aufgießen und zugedeckt 10 Minuten sanft dünsten, bis sich die Flüssigkeit bindet. Mit Zitronensaft abschmecken.

4 Die Kalbsbrust aus dem Ofen nehmen, in feine Tranchen schneiden und mit den Vichy-Möhren servieren. **Tipp:** Lassen Sie sich nicht von der schwarzen Kruste abschrecken, darunter verbirgt sich ein saftiger Happen!

Variante: Wenn Sie nicht so viele Gewürze vorrätig haben oder Ihnen der Aufwand zu groß ist, wählen Sie eine schnelle Variante: Die Kalbsbrust mit Salz und Pfeffer würzen, mit Honig und Senf einreiben, nicht anbraten, sondern gleich im vorgeheizten Ofen bei 200 °C (Umluft 180 °C) garen. Garzeit siehe oben.

Gefüllter Schweinenacken im Salzteig

FLEISCH 141

»Eine Halskrause, die sogar Miss Piggy schmeicheln würde.«

Zutaten

Salzteig
800 g grobes Meersalz
800 g Mehl
5 Eiweiß

Füllung
150 g frische Shiitake-Pilze (ersatzweise getrocknete)
150 g getrocknete Aprikosen
4–5 Salbeiblätter, grob gehackt
1/2 TL Paprikapulver edelsüß
2 EL Risottoreis, vorgekocht

1 Schweinenacken am Stück (1 kg)
Mehl zum Bestäuben
1 Eigelb

Stopfnadel und Küchengarn

1. Für den Salzteig Salz, Mehl, Eiweiße und 200 ml Wasser in einer großen Schüssel mischen und mit den Knethaken eines Handrührgeräts zu einem geschmeidigen Teig verarbeiten.
2. Von den Shiitake-Pilzen den Strunk entfernen, Pilze in feine Scheiben schneiden. Aprikosen klein schneiden, mit Salbei, Paprikapulver, Risottoreis und den Pilzen in einer Schüssel mischen.
3. Den Schweinenacken der Länge nach aufschneiden und wie bei einer Roulade zu einem länglichen, dünnen Fleischstrang ausrollen. Die Pilzmasse in die Tasche füllen, leicht andrücken und das Fleisch fest zusammenrollen. Die Tasche mit einer Stopfnadel und Küchengarn zunähen oder mit Holzspießen verschließen.
4. Den Salzteig in zwei Portionen teilen und auf einer bemehlten Arbeitsfläche je einen 1 cm dicken Kreis ausrollen. Das Fleisch in die Mitte eines Kreises legen, mit dem zweiten Kreis zudecken. Den Teigrand fest andrücken und mit etwas Eigelb bestreichen. Auf ein Backblech mit Backpapier setzen und mit dem restlichen Eigelb bestreichen. Im vorgeheizten Ofen bei 200 °C (Umluft 180 °C) 1 1/2 Std. backen.
5. Den Salzteig mit einem Sägemesser öffnen, den Schweinehals herausnehmen und servieren.

Produktinfo: Der Schweinenacken ist die vordere Verlängerung des Kotelettstrangs und stark mit Fett durchwachsen. Da Fett der Geschmacksträger Nummer eins ist, ist der Schweinenacken besonders aromatisch und saftig. Leider ist dieser Teil vom Schwein etwas in Vergessenheit geraten, was sich aber vorteilhaft auf seinen Preis auswirkt! Es ist ein unkompliziertes Fleisch mit vielseitiger Verwendung: Ob als Schmorbraten, in Scheiben geschnitten als Steaks zum Grillen oder gepökelt – selbst als Edelvariante ist der Schweinenacken bekannt: als luftgetrockneter »Coppa Parma«.

Rinderfilet mit Apfelmarinade und Graupenrisotto

FLEISCH **143**

»Das Rinderfilet ist gar nicht angesäuert, sondern zeigt sich in der Apfel-Senf-Sauce überraschend saftig mit fruchtiger Note.«

Zutaten

Graupenrisotto

1 Zwiebel
1 Möhre
100 g Sellerie
100 g Lauch
2 EL Olivenöl
250 g Graupen
Salz
Pfeffer
1/2 TL Kurkumapulver
100 ml Weißwein
1 l Gemüsebrühe
50 g geriebener Parmesan

400 g Rinderfilet
Salz
Pfeffer
3 EL Olivenöl

Apfelmarinade

1 EL Senfkörner
1 Apfel (Granny Smith)
Saft von 1 Limette
4 EL Olivenöl
1 walnussgroßes Stück Ingwer, gerieben
Salz
Pfeffer
1 Prise Zucker

1 Die Zwiebel schälen, halbieren und in feine Würfel schneiden. Möhre und Sellerie schälen und halbieren, den Lauch halbieren. Alles in feine Würfel schneiden.

2 Das Gemüse in einem Topf mit Olivenöl glasig dünsten. Die Graupen zugeben, mit Salz, Pfeffer und Kurkuma würzen und 3–4 Minuten anschwitzen. Mit Weißwein ablöschen, einmal aufkochen und mit 0,5 l Brühe auffüllen. Zugedeckt bei geringer Hitze 20–25 Minuten köcheln lassen, dabei die restliche Brühe nach und nach zugeben. Zum Schluss den Parmesan unterrühren, bis eine sämige Konsistenz entsteht.

3 Das Rinderfilet mit Salz und Pfeffer würzen und in einer Pfanne mit Olivenöl 3–4 Minuten kräftig anbraten. Im vorgeheizten Ofen bei 200 °C (Umluft 180 °C) 5 Minuten garen. **Tipp:** Nach 5 Minuten ist das Fleisch »rare«, nach 7 Minuten »medium rare«, nach 10 Minuten »medium«. Das Filet aus dem Ofen nehmen und abkühlen lassen.

4 Für die Apfelmarinade die Senfkörner in einem kleinen Topf mit kochendem Wasser 4–5 Minuten blanchieren, durch ein Sieb gießen und abspülen. Den Apfel halbieren, das Kerngehäuse entfernen und mit Schale in kleine Würfel schneiden.

5 Senfkörner und Apfelwürfel mit den übrigen Zutaten in einer Schüssel verrühren.

6 Das Rinderfilet in fingerdicke Scheiben schneiden. Das Graupenrisotto auf Tellern anrichten, mit dem Fleisch belegen und mit der Apfelmarinade überziehen.

Variante: Reichen Sie dazu einen vitaminreichen Gemüsesalat: Je 1 rote, gelbe und grüne Paprikaschote (ca. 600 g) vierteln, Strunk und Kerngehäuse entfernen und in mundgerechte Stücke schneiden. 1 Brokkoli (ca. 600 g) in Röschen teilen. Das Gemüse in kochendem Salzwasser 3 Minuten blanchieren, in Eiswasser abschrecken und abgießen. Mit einer Marinade aus 2 EL Zitronensaft, Salz, Pfeffer, 1 Prise Zucker und 4 EL Olivenöl mischen und 1 EL gehacktes Basilikum untermischen.

Produktinfo: Graupen, auch Kochgerste genannt, sind geschälte und polierte Gerstenkörner. Die besonders kleinen Perlgraupen sind von besonderer Qualität. Graupen werden vor allem als sättigende Einlage für Suppen und Eintöpfe verwendet.

Polenta-Schnitzel

4 dünne, flach geklopfte Kalbsschnitzel (à 150 g) · Salz · Pfeffer
150 g Polenta (Maisgrieß) · 150 g Butterschmalz · 1—2 Chilischoten
3—4 Petersilienzweige · 1 Zitrone · 2 EL Butter

1 Für diese Blitzvariante des Wiener Schnitzels das Fleisch mit Salz und Pfeffer würzen und nur mit Polenta aus der Packung panieren. Die Schnitzel in einer nicht zu heißen Pfanne mit Butterschmalz von beiden Seiten 3—4 Minuten goldbraun ausbacken. Auf Küchenpapier abtropfen lassen.

2 Chilischote längs aufschneiden, entkernen und in Streifen schneiden. Petersilienzweige grob zupfen. Zitrone dick schälen, die Filets heraustrennen. Butter in der Pfanne erhitzen und bräunen. Chilistreifen, Petersilie und Zitronenfilets zugeben und 2—3 Minuten andünsten. Auf den Polentaschnitzeln anrichten.

Kalbsschnitzel »Wiener Art«

Dieser hauchdünne Fleischlappen mit seiner wellig-luftigen Panade ist ein Meilenstein in der klassischen Küche und wegen seiner schnellen Zubereitung und vielfältigen Kombinationsmöglichkeiten sehr beliebt. Mein Mallorca-Urlaub hat mich zu dieser Variante inspiriert.

4 dünne, flach geklopfte Kalbsschnitzel (à 150 g) · Salz · Pfeffer · 4 EL Mehl · 2 Eier · 200 g frisch geriebenes Weißbrot · 150 g Butterschmalz

1 Die Kalbsschnitzel mit Salz und Pfeffer würzen und mit drei Tellern eine Panierstation aus Mehl, verquirlten Eiern und frisch geriebenen Bröseln aufbauen. **Tipp:** Sie können die Schnitzel auch leicht selbst zwischen zwei Gefrierbeuteln platt drücken! Von beiden Seiten in Mehl wenden, dann durch die Eier ziehen und mit den Bröseln panieren, dabei die Panade leicht andrücken. In einer nicht zu heißen Pfanne mit Butterschmalz von beiden Seiten 3—4 Minuten goldbraun ausbacken, auf Küchenpapier abtropfen lassen und mit dem Tomaten-Sardellen-Salat (Seite 145) servieren.

Tims Cordon bleu

4 Kalbssteaks aus der Oberschale (à 160 g) · Salz · Pfeffer
2 EL entsteinte schwarze Oliven · 1 Bund Rauke · 1 Dose Thunfisch im eigenen Saft (250 g) · 2 EL Olivenöl · 2 EL kleine Kapern

1   In jedes Kalbssteak mit einem länglichen Schnitt eine Tasche schneiden, mit Salz und Pfeffer würzen. Die Oliven hacken, die Rauke in grobe Stücke schneiden und zusammen mit den Thunfischstücken mischen. Die Füllung gleichmäßig in die vier Taschen verteilen und diese jeweils mit einem Zahnstocher schließen.
2   Die Steaks in einer Pfanne mit Öl auf jeder Seite 5 Minuten anbraten und herausnehmen. Kapern in die Pfanne geben, kurz anschwenken und über die Cordon bleu verteilen.

Tomaten-Sardellen-Salat

1 rote Zwiebel · 6 Strauchtomaten (750 g) · 1 EL Weißweinessig
3 EL Olivenöl · 8 Sardellenfilets in Öl

1   Für den Salat die Zwiebel schälen und in feine Ringe schneiden. Tomaten in Scheiben schneiden, den grünen Stielansatz entfernen und die Tomatenscheiben auf einen Teller legen. Mit Weißweinessig und Olivenöl marinieren und mit Pfeffer würzen. Die Sardellenfilets abspülen und mit den Zwiebelringen über die Tomaten verteilen. Wegen des hohen Salzgehalts der Sardellen muss nicht zusätzlich gesalzen werden.

Produktinfo: Tomaten gehören, wie Kartoffeln und Auberginen, zur Familie der Nachtschattengewächse. Ein Begriff, der endlich mal erklärt werden muss. Nachtschattengewächse sind Pflanzen, die es sowohl hell als auch dunkel brauchen, damit sie die tagsüber eingefangene Energie nachts in Masse umwandeln können. Das heißt, die Tomaten tanken tagsüber Licht und werden nachts im Dunkeln rot.

Hackfleisch-Buletten

»... darunter verstehe ich nur die weltbesten Buletten meiner Mutter.«

Zutaten

1 Brötchen vom Vortag
150 ml Sahne
1 Zwiebel
1 Knoblauchzehe
1 EL Butter
1/2 TL Majoran
1 TL gehackte Petersilie
500 g gemischtes Hackfleisch
2 Eier
1 TL Senf
Salz
Pfeffer
1 TL Paprikapulver edelsüß
3 EL Öl

1. Das Brötchen in Scheiben schneiden und in Sahne einweichen. Zwiebel und Knoblauch schälen, in feine Würfel schneiden und in einer Pfanne mit Butter anschwitzen. Majoran und Petersilie untermischen.

2. Das Hackfleisch in eine Schüssel geben, mit Brötchen, Zwiebelmischung, Eiern und Senf mischen und mit Salz, Pfeffer und Paprikapulver würzen. Die Masse mit feuchten Händen zu Buletten formen und in einer Pfanne mit Öl von beiden Seiten 5 Minuten nicht zu heiß anbraten. Heiß oder kalt servieren!

Produktinfo: Hackfleisch, auch Gehacktes, Gewiegtes oder Faschiertes genannt, wird aus grob entsehntem Muskelfleisch hergestellt und ist nicht so fein wie Tatar. Früher wurde es mit dem Messer gehackt oder gewiegt, heute wird es eher durch den Fleischwolf gedreht. Dadurch vergrößert sich die Oberfläche, eifrige Bakterien haben ein leichtes Spiel, was Hackfleisch sehr leicht verderblich macht. Es darf daher nur am Tag der Herstellung verkauft werden.

148 FLEISCH Tatar

Zutaten
250 g Tatarfleisch
Salz
Pfeffer
1 Eigelb
1 kleine Zwiebel
2 Sardellenfilets
1 EL Kapern

Klassische Zubereitung

Das Tatarfleisch wird gesalzen, gepfeffert, mit rohem Eigelb, fein gehackten Zwiebeln, Sardellenfilets und Kapern gut gemischt.

Das gleiche Prinzip gilt für

- Mett, zubereitet aus rohem und gewürztem Schweinefleisch
- Matjestatar, auch Häckerle genannt, aus Salzheringen oder Matjesfilet, mit Zwiebeln, Kräutern, Limettensaft und Olivenöl
- Lachstatar aus frischem oder geräuchertem Lachs mit gewürzter saurer Sahne
- Thunfischtatar aus Thunfisch mit Salz, Pfeffer, Schnittlauch, Zitronensaft und Mineralwasser

Variante zum Anbraten: 250 g Rindertatar mit Salz, Pfeffer und 1 TL edelsüßem Paprikapulver würzen. Mit 1 Ei, 1 TL scharfem Senf, 1 TL Tomatenmark, 50 g getrockneten, klein geschnittenen Tomaten und 1/2 TL getrocknetem Thymian mischen und in einer Pfanne mit 2 EL Olivenöl 2 Minuten kräftig anbraten. Das Tatar sollte in der Mitte noch roh sein!

Dazu passt ein **Kräutersalat mit einer Parmesanhippe** (siehe Foto): Weiche Kräuter wie Petersilie, Kerbel, Koriander grob hacken und mit einem Spritzer Zitronensaft und etwas Olivenöl marinieren. Für die Hippe je 1 EL geriebenen Parmesan in einer Pfanne ohne Öl schmelzen und goldgelb ausbacken.

Produktinfo: Das Tatar, auch bekannt als Schabefleisch, wird aus rohem, durch den Fleischwolf gedrehtem Rinderfilet oder Fisch hergestellt. Sein nächster Verwandter ist das Hackfleisch.

Gefüllte Paprika mit Hackfleisch und Reis

»Damit hat meine Mutter mich schon früher überzeugt: Hackfleisch muss nicht langweilig sein, sondern ist lecker gewürzt als Paprikafüllung der Hit.«

Zutaten

300 g gemischtes Hackfleisch
100 g vorgekochter Risottoreis
1 eingeweichtes Brötchen vom Vortag (z. B. in Milch)
1 TL scharfer Senf
1 TL gehackter Thymian
Salz
Pfeffer
1 TL Fenchelsaat
1 EL gesalzene Kapern
4 rote Paprikaschoten
1 Zwiebel
1 kleine Pfefferschote
1 Lorbeerblatt
3 EL Olivenöl
1 Dose stückige Tomaten (400 g)
200 ml Geflügelfond

1. Das Hackfleisch in einer Schüssel mit dem Risottoreis, Senf und Thymian mischen. Mit Salz und Pfeffer würzen. Fenchelsaat in einer Pfanne ohne Öl anrösten und im Mörser mit den Kapern zerstoßen. Die Paprikaschoten längs halbieren, das Kerngehäuse entfernen und gleichmäßig mit der Hackmasse füllen.

2. Die Zwiebel schälen und in feine Würfel schneiden, die Pfefferschote in feine Ringe schneiden und zusammen mit dem Lorbeerblatt in einem Schmortopf mit Olivenöl farblos anschwitzen. Die Tomaten zugeben und mit Geflügelfond aufgießen. Die Paprika in die Sauce legen und im vorgeheizten Ofen bei 200 °C (Umluft 180 °C) 1 Stunde schmoren.

Variante: Mit dieser Hackfleischfüllung lassen sich auch Zucchini super füllen. Eine exotische Variante: Statt Hack Lammhack nehmen, Senf und Fenchel weglassen, mit Cumin und Kardamom abschmecken und die Kapern durch Rosinen ersetzen. Die Füllung in ausgehöhlte Auberginen geben und schmoren.

Lammhackbällchen, gefüllt mit Fetakäse und Datteln

»Diese Kombination würde ich als eine Art schnelle, orientalische Tapas-Variante bezeichnen.«

Zutaten

- 400 g Lammhackfleisch
- 1 Ei
- 1 Prise gemahlener Kardamom
- Salz
- Pfeffer
- 1/3 kleines türkisches Fladenbrot (ca. 150 g)
- 200 ml Milch
- 8 Datteln ohne Stein
- 100 g Schafs-Fetakäse
- 3 Blätter Salbei, gehackt
- 3 EL Olivenöl

1 Lammfleisch und Ei in einer Schüssel mischen, mit Kardamom, Salz und Pfeffer würzen. Fladenbrot klein schneiden, in leicht erwärmter Milch einweichen und zu der Fleischmasse geben. Datteln in grobe Stücke schneiden, mit Fetakäse und Salbei mischen.

2 Den Fleischteig mit einem Esslöffel portionieren, in die Mitte jeweils eine Mulde drücken, mit der Dattel-Käse-Mischung füllen und zu Bällchen formen. Die Hackbällchen in einer Pfanne mit Olivenöl 5 Minuten goldbraun anbraten und servieren.

Produktinfo: Hackfleisch muss nicht immer vom Schwein sein, sondern wird auch aus Rind oder Lamm hergestellt. Wer Lammhack möchte, lässt am besten das Fleisch aus Brust oder Hals durchdrehen, da dort der Fettgehalt höher ist und die Fleischbällchen so schön saftig werden. Weitere Lammhack-Gerichte wie Köfte oder Cevapcici sind vor allem in der orientalischen Küche bekannt.

Lamm-Burger

»Ein pfiffiges ›Fast Food‹ mit dem ›Big Taste‹ ist dieser Lamm-Burger, der jeden Gyros oder Dönerkebab das Fürchten lehrt!«

Zutaten

4 Steaks aus der Lammkeule (à ca. 150 g)
1 TL Koriandersaat
Salz
Pfeffer
3 EL Olivenöl
1 Knoblauchzehe
150 ml Öl (z. B. Erdnussöl)
1 Rosmarinzweig
4 Toasties
1 rote Zwiebel
2 Chicorée

Dip

1 kleine Salatgurke
150 ml griechischer Joghurt
1 Msp Cayennepfeffer

1 Jede Fleischscheibe mit einem scharfen Messer kreuzweise einschneiden. Koriandersaat im Mörser zerstoßen, mit Salz, Pfeffer und Olivenöl mischen. Das Fleisch damit bestreichen und beiseite stellen. **Übrigens:** Koriandersaat schmeckt im Vergleich zu frischem Koriandergrün zitrusartig!

2 Den Knoblauch mit Schale mit einem breiten Messer zerdrücken. Öl in einer Pfanne erhitzen, Knoblauch, Rosmarin und die Toasties darin goldbraun anbraten. Toasties herausnehmen und auf Küchenpapier abtropfen lassen.

3 Die Zwiebel schälen und in feine Ringe schneiden. Vom Chicorée den Strunk entfernen, die Blätter ablösen, mit lauwarmem Wasser abbrausen und abtropfen lassen. **Tipp:** Durch warmes Wasser werden die Bitterstoffe aus dem Salat gespült!

4 Für den Dip die Gurke schälen, der Länge nach halbieren, die Kerne mit einem Löffel entfernen und das Fruchtfleisch fein würfeln. Gurkenwürfel mit Joghurt in einer Schüssel mischen und mit Cayennepfeffer würzen.

5 Die Lammscheiben in einer heißen Pfanne 5 Minuten von beiden Seiten kräftig anbraten und auf die Toastieböden setzen. Mit Chicoréeblättern und Zwiebelringen belegen und den Gurkendip darauf verteilen. Die Toastiedeckel daraufsetzen – und genießen. **Tipp:** Wenn Sie den leicht bitteren Geschmack vom Chicorée nicht mögen, verwenden Sie andere knackige Salatsorten wie Römer-, Eisberg- oder Kopfsalat.

Variante: Den Gurkendip mit gebratenen Kapernäpfeln mischen.

Produktinfo: Lammfleisch zeichnet sich im Vergleich zu Fleisch von anderen Jungtieren durch einen leicht würzigen Eigengeschmack aus. Die Lammkeule hat wegen ihres höheren Gewebeanteils ein festeres Fleisch und muss daher länger gegart werden. Anstelle von Lammscheiben kann für dieses Gericht auch Lammhack verwendet werden!

Grobe Leberpastete mit gerösteten Pinienkernen

»Ein wahrhaft würziger und aromatischer Brotaufstrich, mit dem man beim Frühstück den Tag beginnen oder mit einer Brotzeit zu Ende gehen lässt.«

Zutaten

400 g Schweineleber
350 g grüner Speck (frischer, unbehandelter Speck vom Schwein)
600 g Schweinefleisch aus der Keule
1 Knoblauchzehe
2 EL Rosinen
4 EL Cognac
3 EL Pinienkerne
3 Eier
Salz
Pfeffer
1 Msp gemahlener Piment
Muskatnuss
1 TL getrockneter Majoran

1 Schweineleber, grünen Speck und Schweinefleisch in grobe Stücke schneiden. Den Knoblauch schälen. Alles zweimal durch den Fleischwolf drehen. Rosinen in Cognac einweichen. Pinienkerne in einer Pfanne ohne Fett goldbraun anrösten.

2 Die Lebermasse mit Pinienkernen, Rosinen mit Cognac und den Eiern mischen. Mit Salz, Pfeffer, Piment, Muskat und Majoran würzen und gut mischen.

3 Eine Terrinenform mit Klarsichtfolie auslegen. **Tipp:** Das klappt am besten, wenn man die Terrinenform mit der Folie auslegt, mit Wasser füllt und die Folie dann glatt zieht! Wasser wieder ausgießen.

4 Die Lebermasse einfüllen, glatt streichen, zuerst mit der Folie und dann mit dem Terrinendeckel abdecken. Die Form in eine mit Wasser gefüllte Saftpfanne (tiefes Backblech) stellen und im vorgeheizten Ofen bei 120 °C (Umluft 100 °C) 90 Minuten garen. Die Terrinenform aus dem Ofen nehmen und über Nacht abkühlen lassen.

Beilage: Kalt gerührte Preiselbeeren mit Ingwer

500 g Preiselbeeren mit 1 TL geriebenem Ingwer und 250 g Gelierzucker in einer Rührschüssel mischen. In der Küchenmaschine auf niedrigster Stufe 20 Minuten rühren, bis die Beeren aufplatzen.

Produktinfo: Pasteten, in der Renaissance bekannt geworden und vermutlich in Frankreich entstanden, waren früher nur den Reichen vorbehalten und wurden mit teuren Gewürzen hergestellt. Sie bestehen aus einer fein gewürzten Farce, die aus Fleisch, Wild, Geflügel, Leber oder auch Fisch zubereitet wird und meistens in einer Teighülle gebacken wird. Eine Variante sind Terrinen, die ohne Teig gegart werden.

Gebratenes Kalbsherz mit Kapern-Gewürz-Sauce

»Schrecken Sie nicht davor zurück – probieren Sie es einfach! Sie werden von diesem köstlichen Fleisch begeistert sein.«

Zutaten

- 1 Kalbsherz (800–900 g, gesäubert)
- 2 EL Mehl zum Bestäuben
- 3 EL Erdnussöl
- Salz
- Pfeffer
- 1 Lorbeerblatt
- 1/2 Knoblauchzehe
- 4 Gewürzgurken (ca. 100 g)
- 3 EL Kapern
- 3 EL Olivenöl
- 250 ml Kalbsfond oder Geflügelbrühe
- 200 g Sahne

1. Das Kalbsherz waschen und mit Küchenpapier trockentupfen. In vier gleich große Stücke schneiden und in Mehl wenden. Herz in einer Pfanne mit Erdnussöl 3–4 Minuten kräftig anbraten, mit Salz und Pfeffer würzen und jedes Stück in Alufolie wickeln. Im vorgeheizten Backofen bei 200 °C (Umluft 180 °C) 12 Minuten garen, herausnehmen und weitere 5 Minuten ruhen lassen.

2. Knoblauch schälen und fein hacken. Die Gewürzgurken in feine Würfel schneiden. Knoblauch und Kapern in einer Pfanne mit Olivenöl andünsten. Gurken zugeben und alles 3–4 Minuten anbraten. Kalbsfond angießen und auf ein Drittel einkochen lassen. Sahne zugeben und noch einmal aufkochen lassen. Das Fleisch in Scheiben schneiden und mit der Sauce überziehen.

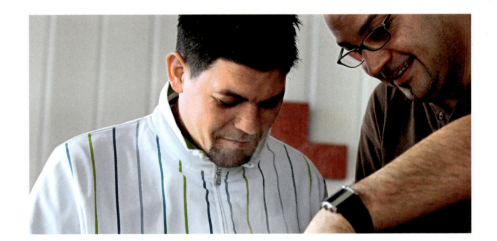

Produktinfo: Das Herz besteht aus magerem, zartem und festem Muskelfleisch. Es wird vom Kalb, Rind, Schwein, Lamm oder Geflügel angeboten und verarbeitet. Es ist reich an Eiweiß und enthält wichtige Mineralstoffe und Vitamine, wie Magnesium und Vitamin E. Kalbsherz ist besonders zart, allerdings auch nicht so preiswert wie das Herz von Rind oder Schwein.

Rinderfilet mit grünem Spargel

FLEISCH **161**

»Das Filet ist das teuerste, aber nicht unbedingt das beste Fleisch vom Rind. Eigentlich ist es ja das ›faulste‹ Fleisch, da es in keinster Weise bewegt wird ... und selbst nach dem Schlachten weiter ruhen möchte! Dieses Gericht will ich Ihnen trotzdem nicht vorenthalten.«

Zutaten

4 Rinderfilet-Medaillons (à 160 g)
Salz
Pfeffer
2 Knoblauchzehen
1 Bund grüner Spargel (500 g)
2 EL Öl
1 EL grüner Pfeffer (aus der Lake)
150 ml Rinderbrühe
100 g frischer, geriebener Parmesan

1 Die Medaillons mit Salz und Pfeffer würzen, den Knoblauch schälen und in grobe Scheiben schneiden. Vom Spargel den unteren, holzigen Teil abschneiden, die Stangen der Länge nach halbieren und in 5 cm lange Stücke schneiden.

2 Das Fleisch in einer heißen Pfanne mit Öl auf jeder Seite 3 Minuten kräftig anbraten, dann herausnehmen. In Alufolie wickeln und im vorgeheizten Ofen bei 120 °C (Umluft 100 °C) 5 Minuten ruhen lassen.

3 Den Knoblauch in derselben Pfanne goldbraun anrösten, Spargelstücke und grünen Pfeffer zugeben, mit der Brühe aufgießen und 2 Minuten köcheln lassen. Parmesan in den Fond geben und rühren, bis die Flüssigkeit bindet. **Tipp:** Die Sauce nicht mehr kochen lassen, da sie sonst gerinnt!

4 Die Medaillons aus dem Ofen nehmen, aus der Folie wickeln, in die Sauce legen und servieren. **Tipp:** Den Bratensaft in die Sauce rühren!
Als Beilage eignen sich leckere Rosmarinkartoffeln aus dem Ofen!

Variante: Wenn man Rindermedaillons mit Speck umwickelt, eignet sich das magere Fleisch auch zum Grillen. Befestigt wird der Speck mit einem Rosmarinzweig ohne Nadeln. Für die weitere Verarbeitung das Fleisch mit Salz und Pfeffer würzen, mit etwas Olivenöl beträufeln und auf dem Grill 8–10 Minuten grillen.

Produktinfo: Das Rinderfilet, auch Lende genannt, ist das magerste, zarteste und auch teuerste Stück vom Rind. Es wird als Chateaubriant, Medaillon, Filetspitzen oder als ganzes Stück angeboten. Das Fleisch sollte mindestens 2 Wochen abgehangen sein, dann ist es mürber und auch bekömmlicher. Bei der Zubereitung sind folgende Schritte zu beachten: Das Fleisch 30 Minuten vor der Zubereitung aus dem Kühlschrank nehmen, würzen, scharf anbraten und ruhen lassen. Dadurch verteilt sich der Fleischsaft gleichmäßig, und das Fleisch bleibt saftig bis zum letzten Biss.

Kalbstafelspitz im Sud

FLEISCH **163**

»Noch ein Klassiker, der von sich reden macht und durch seine Liaison mit Meerrettich bekannt geworden ist. Ein Gericht mit einem klaren und sauberen Geschmack, das außer einem schmackhaften Sud und ein paar Kartoffeln keine weiteren Forderungen stellt. Trotzdem möchte ich Ihnen eine Variante ans Herz legen, die einen besonderen Kick hat.«

Zutaten

1 große Gemüsezwiebel
2 Lorbeerblätter
6 Nelken
Salz
10 schwarze Pfefferkörner
1 Kalbstafelspitz (1 kg)

Beilage

1 Knoblauchzehe
150 g Kräuterseitlinge
1 EL Öl
500 g Blattspinat (ersatzweise
 TK-Spinat)
Muskat
1—2 TL helle Sojasauce

1 Die Zwiebel mit Schale quer halbieren und in einer Pfanne ohne Fett goldbraun anrösten. Mit Lorbeer und Nelken spicken. In einem großen Topf 3 Liter Wasser, Salz und Pfefferkörner zum Kochen bringen, die Zwiebelhälften zugeben. Den Tafelspitz in den kochenden Sud geben und einmal aufwallen lassen. Topf vom Herd nehmen und zugedeckt 1 Stunde ziehen lassen. **Tipp:** Das Fleisch muss vollkommen mit Sud bedeckt sein, sonst trocknet es aus!

2 Für die Beilage den Knoblauch schälen und fein hacken, die Kräuterseitlinge in Scheiben schneiden. Beides in einer Pfanne mit Öl 3—4 Minuten anschwitzen, Blattspinat zugeben, mit Salz, Pfeffer, Muskat und Sojasauce würzen und eine Kelle Sud (100 ml) angießen.

3 Den Tafelspitz aus dem Sud nehmen und in fingerdicke Scheiben schneiden. In tiefen Tellern mit Spinat und Pilzen anrichten und servieren. **Tipp:** Geben Sie etwas frisch zubereitete Meerrettichsahne auf den Tafelspitz!

Variante: Eine besondere Geschmacksnuance erhalten Sie, wenn Sie zu den Pilzen etwas frisch ausgelöstes Muschelfleisch geben. Dann weiter wie oben zubereiten.

Produktinfo: Der Tafelspitz ist in Bayern und Österreich das spitz zulaufende, zarte Schwanzstück vom Rind oder vom Kalb. Er wird im Ganzen zubereitet und klassisch mit Apfelkren – einer Mischung aus geriebenem Meerrettich und geriebenen Äpfeln – serviert.

Hirschgulasch mit Steinpilzen und gratinierter Polenta

»Ein kräftiges Hirschgulasch ist das Highlight in den Wintermonaten!«

Zutaten

2 Zwiebeln
200 g Möhren
200 g Sellerie
1 Knoblauchzehe
1 kg Hirschgulasch (aus der Keule)
Salz
Pfeffer
75 g Butterschmalz
1 TL Tomatenmark
0,5 l Rotwein
300 ml Brühe
1 TL gehackter Rosmarin
4 Wacholderbeeren
1 Lorbeerblatt
1 EL Steinpilzmehl
600 g frische Steinpilze
1 EL Olivenöl
1 EL gehackte Petersilie

Polenta

600 ml Milch
50 g Butter
Salz
Pfeffer
Muskat
180 g Polentagrieß
100 g geriebener Parmesan
3 Eigelb
Butter für die Form

1. Zwiebeln, Möhren und Sellerie schälen und in 1 cm große Würfel schneiden. Knoblauch schälen und fein hacken. Das Hirschgulasch mit Salz und Pfeffer würzen und in einem Schmortopf mit Butterschmalz 5—6 Minuten kräftig anbraten. Gemüsewürfel und Knoblauch zugeben, 3—4 Minuten anschwitzen und das Tomatenmark zugeben. Mit Rotwein ablöschen und die Brühe zugießen. Mit Rosmarin, Wacholderbeeren, Lorbeerblatt, Steinpilzmehl, Salz und Pfeffer würzen und zugedeckt bei leichter Hitze 60 Minuten schmoren.

2. 10 Minuten vor Ende der Garzeit die Steinpilze in Scheiben schneiden und in einer Pfanne mit Olivenöl von beiden Seiten 3—4 Minuten goldbraun anbraten.

3. Für die Polenta Milch und Butter in einem Topf aufkochen und mit Salz, Pfeffer und Muskat würzen. Polentagrieß in die kochende Milch einrieseln lassen und mit einem Schneebesen kräftig rühren. Bei milder Hitze 2—3 Minuten aufkochen, vom Herd nehmen und 50 g Parmesan einrühren. Die Masse in eine Schüssel umfüllen, nach und nach die Eigelbe einrühren. Die warme Masse auf ein gebuttertes Blech streichen, mit Klarsichtfolie abdecken und abkühlen lassen. Die angezogene Polenta in etwa 7 cm große Dreiecke schneiden und dachziegelförmig in eine gebutterte Auflaufform schichten. Mit dem restlichen Parmesan bestreuen und im vorgeheizten Ofen auf Grillstufe 5 Minuten gratinieren.

4. Das Gulasch mit den Steinpilzen auf einem Teller anrichten, mit Petersilie bestreuen und mit der Polenta servieren.

Produktinfo: Hirschfleisch ist kräftiger im Geschmack als Rehfleisch. Es ist mager, zart und eignet sich sowohl zum Kurzbraten als auch für Schmorgerichte. Sehr populär ist das Fleisch neuseeländischer Hirsche: Es schmeckt etwas milder als das Fleisch der in Europa beheimateten Hirsche.

Gegrillte Kalbszunge mit Vinaigrette

FLEISCH 167

»Ein herrlich zartes Fleisch – lassen Sie sich nicht von der Optik beeinflussen, trauen Sie sich!«

Zutaten

- 1 Zwiebel
- 1 Lorbeerblatt
- 3 Nelken
- 2 kleine Kalbszungen (etwa 1,2 kg)
- 150 g Möhren
- 150 g Sellerie
- 100 g Lauch
- 3 EL Olivenöl
- Saft von 1 Zitrone
- Salz
- Pfeffer
- 1 Prise Zucker
- 1 EL gehackter Kerbel

1 Die Zwiebel mit Schale quer halbieren, mit Lorbeerblatt und Nelken spicken und in einem Topf mit 3 Liter Salzwasser aufkochen. Die Kalbszunge zugeben und 60 Minuten bei geringer Hitze köcheln lassen. Herausnehmen, in Eiswasser abschrecken und die Haut abziehen.

2 Möhren und Sellerie schälen, Lauch putzen und alles in sehr feine Würfel schneiden. Das Gemüse in kochendem Salzwasser 2–3 Minuten blanchieren, durch ein Sieb gießen, kalt abschrecken und abtropfen lassen. Die Gemüsewürfel in einer kleinen Schüssel mit 3 EL Olivenöl, Zitronensaft, Salz, Pfeffer und Zucker mischen, Kerbel zugeben und alles verrühren.

3 Die Kalbszunge in fingerdicke Scheiben schneiden und in einer Grillpfanne mit dem restlichen Olivenöl von beiden Seiten 3–4 Minuten kräftig anbraten. Herausnehmen und servieren. **Tipp:** Dazu passen die gebackenen Kartoffeln von Seite 230 und etwas Friséesalat.

Variante: Zur gegrillten Kalbszunge schmeckt auch ein Dip aus Schnittlauch-Quark: 125 g Speisequark (20 Prozent Fett) mit einem Rührgerät cremig rühren. Mit 1 EL Olivenöl, einem Spritzer Zitronensaft, Salz und Pfeffer würzen und 1/2 Bund fein geschnittenen Schnittlauch untermischen.

Produktinfo: Wie Herz und Leber zählt die Zunge zu den Innereien. Sie hat ein sehr zartes und mild schmeckendes Fleisch und wird gepökelt, geräuchert oder zu Wurst verarbeitet angeboten.

Gebratene Kalbsleber mit Birnenspalten und Speck

FLEISCH 169

»Hochgepriesen oder verachtet – ich sage nur: extrem lecker!«

Zutaten

- 2 Birnen (z. B. Conférence)
- 300 g durchwachsener Speck in Scheiben
- 250 ml Weißwein
- 1 EL Zucker
- 2 Nelken
- 1 Lorbeerblatt
- 4 Scheiben Kalbsleber (à 150 g)
- 1 EL Öl
- Salz
- Pfeffer
- 50 g Butter
- 4 Salbeiblätter, gehackt

1 Die Birnen schälen, vierteln und das Kerngehäuse entfernen. Die Speckscheiben in einem Topf ohne Fett 3–4 Minuten leicht anrösten, mit Weißwein aufgießen. Zucker, Nelken und Lorbeerblatt zugeben und aufkochen. Die Birnenspalten in den kochenden Sud geben, kurz aufwallen lassen, vom Herd nehmen und 4–5 Minuten ziehen lassen.

2 Die Kalbsleber mit Öl bestreichen und in einer Grillpfanne auf jeder Seite 1–2 Minuten grillen. Mit Salz und Pfeffer würzen, aus der Pfanne nehmen und warm stellen.

Tipp: Leber immer erst nach dem Braten würzen, sonst wird sie hart!

3 Birnen und Speck aus dem Sud nehmen, Sud aufbewahren. In derselben Pfanne mit Butter 2–3 Minuten anbraten. Mit 100 ml Birnensud ablöschen und kurz aufkochen, bis die Flüssigkeit bindet. Salbei zugeben, die fertige Sauce über die Leber gießen und sofort servieren.

Variante: Eine geschmacklich kräftigere Variante bekommt man mit Rotweinbirnen. Hierzu den Birnensud nicht mit Weißwein, sondern mit Rotwein zubereiten.

Produktinfo: Die Kalbsleber sollte vor der Zubereitung gut ausgeblutet sein und sorgfältig von der »Silberhaut« befreit werden. Je jünger das Tier, desto heller die Leber. Mit zunehmendem Alter verändern sich die Blutgefäße und somit die Farbe der Leber.

Die Conférence-Birne ist eine mittelgroße, länglich-flaschenförmige Birnensorte mit einem schmelzenden, süßlichen, an Melone erinnernden Geschmack. Das Fruchtfleisch ist gelblich bis orange oder rosa.

Ausgelöste Lammkeule mit kleinen weißen Bohnen

»Eine etwas zeitaufwendige, aber sicher keine arbeitsintensive Zubereitung der Lammkeule, die selbst Ungeübteren am Herd gelingt und deren Geschmack begeistern wird.«

Zutaten

1 EL Fenchelsaat
1 Zwiebel
1 Möhre
2–3 Strauchtomaten (250 g)
1 Lammkeule ohne Knochen (1,2 kg)
Salz
Pfeffer
2 EL Öl
200 g kleine weiße Bohnen (nicht eingeweicht)
4 cl Pernod
200 ml Lammfond
3–4 Zweige Thymian, gehackt

1. Fenchelsaat in einer Pfanne ohne Öl anrösten und anschließend im Mörser zerstoßen. Zwiebel und Möhre schälen und beides mit den Tomaten in 2 x 2 cm große Würfel schneiden.

2. Die Lammkeule mit Salz, Pfeffer und Fenchelsaat würzen und in einem Schmortopf mit Öl 5–6 Minuten von allen Seiten kräftig anbraten. Das gewürfelte Gemüse zugeben und kurz anrösten. Die Bohnen abspülen, abtropfen lassen und ebenfalls zugeben. Mit Pernod und Lammfond ablöschen, abdecken und im vorgeheizten Ofen bei 120 °C (Umluft 100 °C) 3 1/2 Std. schmoren. **Tipp:** Bohnen nicht mit Weißwein ablöschen, sie werden durch die Säure hart! Den Thymian zugeben und mit Deckel weitere 30 Minuten schmoren.

Produktinfo: Die Lammkeule stammt von Lämmern, die nicht älter als 1 Jahr sind. Ihr Fleisch ist nicht nur eine Delikatesse, sondern auch sehr vitaminreich. So decken zum Beispiel 100 g Lammfleisch den Tagesbedarf eines erwachsenen Menschen an Vitamin B_{12}. Die ideale Garmethode für dieses zarte Fleisch ist das Garen auf niedriger Temperatur, eine besonders schonende Zubereitung mit geringem Gewichtsverlust.

GEFLÜGEL

Hühneralarm ist in diesem Kapitel nicht zu befürchten. Schließlich wird Geflügel leider vor allem massenhaft gehalten, und das möchte ich nicht unterstützen. Grundsätzlich plädiere ich für Bio-Geflügel: Das nützt den Hühnern, die nicht leiden müssen, und selbst hat man endlich wieder einen vernünftigen Broiler auf dem Teller.

174 GEFLÜGEL

Nicht die Hühner von der Stange

ES GEHT DOCH NICHTS ÜBER EIN HALBES HÄHNCHEN: KNUSPRIGE KRUSTE MIT SAFTIGEM, ZARTEM FLEISCH DARUNTER. DAS SCHMECKT UND MACHT LUST AUF MEHR.

Geflügel richtig einkaufen

Ein Daumendruck hilft, um die Qualität von frischem Geflügel zu prüfen. Egal ob am Stück oder als Filet, gutes Fleisch muss sich schön fest anfühlen und nicht weich und wabbelig. Dann schrumpft es auch beim Braten nicht.

Glückliche Hühner, die sich richtig bewegen durften, erkennt man an ihrem fleischfarbenen Teint. Finger weg bei käsig-weißem Geflügelfleisch. Das deutet auf Intensivhaltung hin, und das Fleisch schmeckt fad und labbrig.

Das Fleisch sollte schön sauber aussehen und weder Blutspuren noch Blutergüsse haben. Blutspuren deuten auf unhygienische Verhältnisse beim Schlachten hin. Das Fleisch kann dann nämlich eine echte Keimbombe sein, die nach dem Verzehr zu unangenehmen Magen-Darm-Problemen führen kann. Tiere mit Blutergüssen hatten oft viel Stress, dadurch wird das Fleisch zäh und hat kein Aroma.

Bei Geflügel am Stück sollte das Brustbein gerade gewachsen sein und nicht nach rechts, links, innen oder außen stehen. Das deutet nämlich darauf hin, dass das Tier nur sehr wenig Bewegung hatte, die Fleischqualität ist dann oft fad, labbrig und ohne Aroma.

Wer sich für tiefgefrorenes Geflügel entscheidet, sollte darauf achten, dass keine Eiskristalle unter der Folie sind und das Geflügel frei von Frostbrand (weiße Stellen auf dem Fleisch) ist. Das Fleisch schmeckt sonst trocken. Eiskristalle unter der Verpackung deuten darauf hin, dass die Kühl-kette unterbrochen wurde: Das führt zu erhöhter Keimbildung, im schlimmsten Fall ist das Fleisch bereits verdorben. Das Mindesthaltbarkeitsdatum (MHD) sollte nicht überschritten sein und das Geflügel lieber deutlich vor Ende des MHD gegessen werden. Denn durch häufiges Öffnen der Kühltruhe im Supermarkt oder zu Hause kann die Kühltemperatur nicht gehalten werden. So kann vor allem Geflügel bereits vor Ablauf des Haltbarkeitsdatums verderben.

PRINZIPIELL GILT: GEFLÜGEL BESSER AUS AUSLAUFHALTUNG KAUFEN, DENN DAS HAT IN DER REGEL DIE BESTE QUALITÄT. Da diese Tiere im Schnitt länger leben und mehr Muskeln haben, bringen sie auch mehr Gewicht auf die Waage. Ein guter Indikator neben den anderen Punkten ist deshalb auch die Gewichtsangabe. Hier ein Überblick, was gutes Geflügel am Stück, egal ob frisch oder tiefgefroren, wiegen sollte:

- ✗ Hähnchen : ab 1,5 kg bis 3 kg
- ✗ Suppenhuhn: 2,5 kg bis 3,5 kg
- ✗ Pute: ab 2,5 kg bis 8 kg
- ✗ Gans: ab 3,5 kg bis 6 kg
- ✗ Ente: ab 1,5 kg bis 3,5 kg
- ✗ Perlhuhn: 1,5 kg bis 1,8 kg

Schwerere Tiere sind meist entweder alt und dann sehr zäh, oder es handelt sich um extrem hochgezogenes, minderwertiges Mastfleisch. Wiegen die Tiere weniger, handelt es sich oft um zu junge oder unterernährte Tiere. Auch sie können zäh und fad im Geschmack sein.

Ein Blick auf das Etikett liefert eine Menge Infos: in welchem Betrieb das Geflügel geschlachtet oder zerlegt wurde. Ein D/D/D/D/D auf der Verpackung heißt, dass das Tier in Deutschland geschlüpft, aufgewachsen und geschlachtet wurde. Außerdem stammen die Eltern aus Deutschland, und die Futtermühlen stehen ebenfalls in Deutschland. Übrigens: Die Hersteller sind nicht verpflichtet, Haltung und Art des Futters preiszugeben. Beides sind aber wichtige Aspekte für eine gute Qualität.

Was ist besser: frisches oder tiefgefrorenes Geflügel?

Egal ob frisch oder tiefgefroren – beide Sorten haben den selben Fett-, Eiweiß- und Vitamingehalt. Beides ist also gleich gesund. Nur geschmacklich gibt es Unterschiede. Frisches Geflügel ist nämlich viel aromatischer als gefrorenes. Der Grund: Durch das Einfrieren gelangt zusätzlich Wasser in die Muskelzellen. Deshalb schmeckt tiefgefrorenes Geflügel verwässert und fader als frisches. In punkto Geschmack ist also frisches Geflügel deutlich besser.

Die Sorten und ihre Zubereitung

WACHTELN haben ein sehr zartes und feines Fleisch und gelten deshalb als besondere Delikatesse. Sie werden vor allem im Ganzen gebraten oder geschmort. Pro Portion rechnet man als Hauptgericht zwei Tiere.

PERLHÜHNER haben nach Wachtel und Pute den höchsten Fleischanteil und den niedrigsten Fettgehalt. Sie kommen meist aus Frankreich. Tiere aus Auslaufhaltung, die in den letzten Mastwochen mit Mais gefüttert wurden, haben ein besonderes Gütesiegel. Es ist das einzige Geflügel, das nach dem Schlachten 2 bis 3 Tage kühl und luftig abhängen sollte. Das dunkle Fleisch vom Perlhuhn ist zart, saftig und erinnert geschmacklich an Fasan.

PUTE ODER TRUTHAHN wird ganz und in Teilen angeboten. Die ganzen Tiere sind von September bis März, vor allem zu Weihnachten, im Handel, während es ausgelöstes Putenfleisch, Brust oder Schenkel das ganze Jahr über gibt. Putenbrust wird zu Schnitzel, Steaks, Filet, Roulade oder Rollbraten verarbeitet. Die Schenkel eignen sich im Ganzen am besten zum Braten, die Unterschenkel auch zum Schmoren. Die Flügel sind eine gute Suppeneinlage, eignen sich aber auch zum Grillen oder Schmoren.

ENTEN haben grundsätzlich einen eher hohen Fettanteil. Je nach Rasse ist das Fleisch in seiner Konsistenz trotzdem unterschiedlich. Flugenten kommen meist aus Polen oder Ungarn, Barbarie-Enten aus Frankreich. Peking-Enten haben ein recht gehaltvolles Fleisch mit einer starken Fettschicht. Die beste Art, Enten zuzubereiten, ist im Backofen. Dort werden sie auf dem Rost gebraten, damit das Fett abtropfen kann. Vor der Zubereitung sollte trotzdem alles sichtbare Fett entfernt werden.

Gefüllte Maishuhnbrust mit Estragon-Ricotta-Füllung

»Eine frische, würzige Füllung ... dazu knackiges Gemüse: so einfach, so lecker!«

Zutaten

4 Maishuhnbrüste (à 180 g)
200 g Ricotta
2 EL Semmelbrösel
3 EL Estragon (gehackt)
Salz
Pfeffer
Muskatnuss
2 EL Olivenöl

750 g weißer Spargel
50 g getrocknete Tomaten
Zucker

1 Mit einem scharfen Messer vorsichtig eine Tasche in die Maishuhnbrüste schneiden.

2 Den Ricotta in einer Schüssel mit Estragon, Salz, Pfeffer und Muskatnuss würzen und zusammen mit den Semmelbröseln glattrühren. Die Taschen mit der Ricotta-Mischung füllen, das Fleisch mit Salz und Pfeffer würzen.

3 In einer Pfanne mit Olivenöl die Geflügelbrüste auf der Hautseite 4–5 Minuten goldbraun anbraten. **Tipp:** Falls die Füllung ausläuft, in der Pfanne auf der Füllung weiterbraten! Anschließend das Bratfett abgießen und die Brüste auf der Fleischseite im vorgeheizten Ofen bei 200 °C (Umluft 180 °C) 10 Minuten garen.

4 Den Spargel schälen, die holzigen Enden abbrechen und den Spargel schräg in dünne Scheiben schneiden. Die getrockneten Tomaten in grobe Stücke schneiden. Die Spargelscheiben mit den getrockneten Tomaten in einer Pfanne mit Olivenöl 3–4 Minuten kräftig anbraten. Mit Salz, Pfeffer und einer Prise Zucker würzen und zusammen mit den Maishuhnbrüsten servieren.

Variante: Spargel-Morchel-Gemüse

Dazu 750 g weißen Spargel wie oben beschrieben vorbereiten, 200 g frische Morcheln in grobe Stücke schneiden. **Tipp:** Ersatzweise getrocknete und eingeweichte Morcheln verwenden. In einer Pfanne mit 2 EL Olivenöl 3–4 Minuten kräftig anbraten. Mit Salz und Pfeffer und einer Prise Zucker würzen und zu den Maishuhnbrüsten servieren.

Knusprige gefüllte Ente mit Kartoffel-Basilikum-Püree

GEFLÜGEL 179

»Fast klassisch zubereitet – und einfach gut!«

Zutaten

1 Vierländer Ente (2–2,5 kg)
Salz
Pfeffer
2 Zwiebeln
1 Zitrone
20 Nelken
1 Lorbeerblatt
1 TL Wacholderbeeren
2 EL Olivenöl
50 ml roter Portwein
100 ml Brühe

Püree

1 kg Kartoffeln, mehligkochende Sorte
200 ml Milch
1 EL Butter
Salz
Muskatnuss
1 Bund Basilikum, gehackt

1. Die Ente gründlich waschen, mit Küchenpapier trockentupfen und innen und außen mit Salz und Pfeffer würzen. Die Zwiebeln schälen und in grobe Stücke schneiden. Die Zitrone mit je 5 Nelken viermal kreisförmig, wie ein Gewürzrad, spicken und anschließend in 4 Scheiben mit Nelkenrand schneiden.

2. Die Ente mit Zwiebeln, gespickten Zitronenscheiben, Lorbeerblatt und Wacholderbeeren füllen. In einem Bräter mit Olivenöl zuerst auf der Brustseite, dann auf den Keulen 7–8 Minuten goldbraun anbraten. Mit der Brustseite nach oben im vorgeheizten Ofen bei 200 °C (Umluft 180 °C) 60 Minuten braten, dabei nach und nach mit 100 ml Wasser übergießen.

3. Für das Kartoffelpüree die Kartoffeln schälen und in grobe Stücke schneiden. In einem Topf mit Salzwasser 20 Minuten weich kochen, abgießen und etwas ausdampfen lassen. Milch und Butter im Topf leicht erhitzen. Kartoffeln durch eine Kartoffelpresse in eine Schüssel drücken und mit der Milch langsam glatt rühren. Mit Salz und Muskatnuss würzen und mit Basilikum mischen.

4. Die Ente aus dem Ofen nehmen, die Füllung in den Bräter geben und die Ente warm stellen. Die Füllung mit Butter kurz anrösten, mit Portwein ablöschen und mit Brühe aufgießen. Die Sauce einmal aufkochen, durch ein Sieb gießen und zur Ente und dem Kartoffel-Basilikum-Püree servieren.

Variante zum Füllen: Trocken gerösteter Kürbis

600 g Muskatkürbis und 300 g Petersilienwurzeln schälen und in Scheiben schneiden. Kürbis, Petersilienwurzeln und 2 Sternanis in einem Topf mit 2 EL Olivenöl 45 Minuten trocken rösten, dabei öfter umrühren. Mit Salz und Muskat würzen, mit einem Spritzer Zitronensaft abschmecken.

Produktinfo: Die Vierländer Ente kommt aus der Umgebung von Hamburg. Sie ist vor allem für ihre gute Qualität und ihr aromatisches Fleisch bekannt.

180 GEFLÜGEL

Barberie-Entenbrust mit Mandelkruste und eingelegtem Kürbis

»Mal nicht klassisch zubereitet – lassen Sie sich überraschen ...«

Zutaten

Eingelegter Kürbis

1 kg Muskatkürbis

1 Zwiebel

3 Nelken

1 Lorbeerblatt

3 EL Weißweinessig

1 EL Currypulver

Salz

3 EL Zucker

Entenbrüste

2 Barberie-Entenbrüste (männlich, à 350 g)

2 Knoblauchzehen

Salz

Pfeffer

1 Zweig Rosmarin

Mandelkruste

100 g ganze geschälte Mandeln

2 TL Olivenöl

50 g Rohmarzipan

2 TL Semmelbrösel

1 TL Salz

1 TL Zucker

1 TL Paprikapulver (edelsüß)

1/2 TL Cayennepfeffer

1 Den Kürbis schälen, mit einem Gemüseschäler in feine Streifen hobeln und in eine Schüssel geben. Die Zwiebel schälen und halbieren, mit Nelken und Lorbeerblatt spicken. In einem Topf 1 Liter Wasser, Essig, die gespickte Zwiebel, Currypulver, Salz und Zucker aufkochen. Den kochenden Sud über die Kürbisstreifen gießen und 5 Minuten ziehen lassen.

2 Die Entenbrüste auf der Hautseite vorsichtig einschneiden. **Tipp:** Nicht das Fleisch einschneiden, da sonst der Fleischsaft austritt! Knoblauch mit einem breiten Messer andrücken. Entenbrüste mit Salz und Pfeffer würzen, auf der Hautseite in eine Pfanne ohne Öl legen und zusammen mit Knoblauch und Rosmarin 5—6 Minuten bei geringer Hitze anbraten. Im vorgeheizten Ofen bei 180 °C (Umluft 180 °C) 4—5 Minuten garen, dabei mehrmals mit dem austretenden Fett übergießen. Entenbrust herausnehmen, in Alufolie wickeln und 5 Minuten ruhen lassen.

3 Mandeln, zerbröckeltes Marzipan, Semmelbrösel und Gewürze in einer Pfanne mit Öl bei geringer Hitze anbraten.

4 Die Entenbrüste in 1/2 cm dicke Scheiben schneiden. Den Kürbis auf Teller verteilen, Entenbrüste darauf anrichten und mit der Mandelkruste bedecken.

Variante: Orangenmarmelade mit Koriander

2 ungespritzte Orangen mit Schale in kleine Würfel schneiden. 100 g Zucker im Topf erhitzen und langsam karamellisieren. Die Orangenstücke zugeben, mit 300 ml Weißwein aufgießen und 1 TL Koriandersaat dazugeben. 30 Minuten bei mittlerer Hitze einkochen und mit einem Spritzer Zitronensaft abschmecken. Die Hautseite der Entenbrüste vor dem Anbraten damit einstreichen und zum Schluss etwas von der Marmelade in die Sauce rühren.

Produktinfo: Die Barberie-Ente ist eine Kreuzung aus Wild- und Flugente. Sie hat einen kräftigen Fleischgeschmack, der fast an Wild erinnert. Die männliche Entenbrust wird bevorzugt in der Küche verwendet. Sie ist mit etwa 300 g fast doppelt so schwer wie die weibliche Entenbrust mit etwa 160 g.

Grundrezept Geflügelbrühe

1 Suppenhuhn (ca. 1,5 kg) · 1 Zwiebel · 2 Möhren (ca. 200 g) · 1/2 Stange Lauch · 1/2 Knollensellerie (ca. 300 g) · 1 Lorbeerblatt · 3 Nelken · 1/2 TL schwarze Pfefferkörner · 1/2 TL Wacholderbeeren · Salz · Muskatnuss

1. Das Suppenhuhn abwaschen und in einem Topf mit 3,5 l kaltem Wasser aufsetzen. Bei geringer Hitze 40 Minuten köcheln lassen. Dabei die abgesetzten Trübstoffe mit einer Kelle abschöpfen.
2. Zwischenzeitlich die Zwiebel mit der Schale längs halbieren und in einer Pfanne ohne Öl 4—5 Minuten rösten. Die Möhren schälen, den Lauch halbieren und mit dem Knollensellerie grob würfeln.
3. Die Zwiebeln aus der Pfanne nehmen und zusammen mit dem restlichen Gemüse zum Suppenhuhn geben. Dann Lorbeerblatt, Pfefferkörner, Wacholderbeeren und die Nelken beigeben und weitere 50 Minuten sanft köcheln lassen.
4. Zum Schluss das Suppenhuhn herausnehmen und die Hühnerbrühe durch ein Sieb gießen. Mit Salz und geriebener Muskatnuss abschmecken und heiß servieren.

Asiatischer Geflügelfond

2 Knoblauchzehen · 1 Tomate · 1 Stiel Zitronengras · 1 rote Chilischote
1 x Grundrezept Geflügelfond · 1 EL Koriandersaat

Den Knoblauch und die Tomate schälen und halbieren. Das Zitronengras und die Chilischote der Länge nach halbieren. Alles mit dem Geflügelfond und der Koriandersaat in einen großen Topf füllen und einmal aufkochen lassen. 15 Minuten ziehen lassen und durch ein Sieb gießen.

Variante: Asiatische Glasnudelsuppe 2 gekochte Geflügelkeulen vom Suppenhuhn vom Knochen lösen. 100 g Glasnudeln in einer Schüssel mit 1 Liter kochendem Wasser übergießen, 5 Minuten ziehen lassen und abgießen. 1 Bund Pak Choi vom Strunk schneiden, waschen und in breite Streifen schneiden. 1 Stück (2 cm) frischen Ingwer schälen und fein reiben. 100 g geräucherten Tofu in 1 cm große Würfel schneiden. Den asiatischen Grundfond mit dem Ingwer aufkochen lassen, Geflügelfleisch, Pak Choi, Tofu und je 50 g Sojasprossen und TK-Erbsen zugeben und 5 Minuten ziehen lassen. Mit 1 EL Fischsauce und Salz abschmecken. Mit den Glasnudeln servieren.

Hummer-Fond mit Portwein

Karkassen von 4 Hummern (vom Fischhändler) · 1 Zwiebel · 1 Knoblauchzehe · 2 Karotten (200 g) · 200 g Staudensellerie · 1/2 Fenchelknolle (200 g) · 2 EL Olivenöl · 1 TL Tomatenmark · 100 ml weißer Portwein · 2,5 l Geflügelfond · 1 Lorbeerblatt · 1 Sternanis · Salz · Pfeffer

1 Die leeren Hummerschalen unter fließendem Wasser gründlich reinigen und abtropfen lassen. Zwiebel und Knoblauchzehe schälen und grob hacken. Die Karotten schälen, bei der Fenchelknolle den Strunk entfernen und zusammen mit dem Staudensellerie in grobe 2 cm große Würfel schneiden.

2 Die Hummerschalen in einem großen Topf mit Olivenöl 4—5 Minuten kräftig anrösten. Anschließend Zwiebeln, Knoblauch, Karotten-, Fenchel- und Selleriewürfel hinzufügen, mit dem Tomatenmark vermischen und weitere 5 Minuten anschwitzen. Danach mit dem weißen Portwein ablöschen und mit 2,5 Liter kaltem Geflügelfond aufgießen. Lorbeerblatt, Sternanis, Salz und Pfeffer beigeben und 40 Minuten bei geringer Hitze köcheln lassen. Den fertigen Hummerfond durch ein Sieb gießen.

Rauchfond

1 Grundrezept Geflügelbrühe · 150 g Speck am Stück · 1 Zweig Rosmarin

Für einen Rauchfondansatz die Geflügelbrühe mit 150 g Speck am Stück und 1 Rosmarinzweig einmal aufkochen, dann 15 Minuten ziehen lassen und durch ein Sieb gießen. Die Geflügelbrühe in einen großen Topf füllen. Speck mit dem Rosmarin zugeben, alles einmal aufkochen und weitere 15 Minuten ziehen lassen, dann durch ein Sieb gießen.

Tipp: Aus dem Rauchfondansatz lässt sich super eine Minestrone kochen. Dazu je 1 klein geschnittene Zwiebel und 1 Knoblauchzehe in einem großen Topf mit 3 EL Olivenöl andünsten. Je 200 g Kartoffelwürfel, klein geschnittenen Weißkohl, grüne Bohnen, Möhren, Sellerie, Lauch und 1 große Dose Tomaten (800 g) zugeben und mit dem Rauchfondansatz auffüllen. Mit Salz, Pfeffer und 1 Sternanis würzen und 15 Minuten bei geringer Hitze köcheln lassen. 2 EL gehackte Kräuter, z. B. Petersilie, Basilikum, Thymian, Salbei, darüberstreuen und servieren.

184 GEFLÜGEL
Wachtel mit Kräuteröl und Blutwurst-Feigen

»Diese Idee kam mir beim Verkösten einer Morcilla – der spanischen Blutwurst!«

Zutaten
1 große Kartoffel
je 2 Zweige Thymian, Rosmarin und Majoran
4 Wachteln (ca. 600 g)
3 EL Olivenöl
Salz
Pfeffer
4 frische Feigen
200 g Morcilla-Blutwurst
1 EL Honig

1 Die Kartoffel mit der Schale in vier 1/2 cm breite Scheiben schneiden und auf ein Backblech legen. Im vorgeheizten Ofen bei 200 °C (Umluft 180 °C) 5 Minuten garen.

2 Thymian, Rosmarin und Majoran grob hacken und mit dem Olivenöl mischen. Die Kartoffelscheiben aus dem Ofen nehmen und jeweils eine Wachtel mit der Brustseite nach oben auf die Kartoffelscheiben setzen. Die Wachteln mit dem Kräuteröl einpinseln, mit Salz und Pfeffer würzen und weitere 15 Minuten im Ofen garen. Zwischendurch mehrmals mit dem Kräuteröl bestreichen.

3 Die Feigen kreuzweise einschneiden und leicht zusammendrücken, damit sie sich etwas öffnen. Die Blutwurst in 4 Scheiben schneiden und jeweils 1 Scheibe in eine Feige drücken. Mit etwas Honig bestreichen und zu den Wachteln auf das Backblech geben. Die Temperatur auf 180 °C (Umluft 160 °C) reduzieren und weitere 5 Minuten schmoren lassen. Die Wachteln mit den Kartoffelscheiben herausnehmen und mit je einer Feige servieren.

Variante: Sobrassada-Feigen
Die Feigen wie oben beschrieben kreuzweise einschneiden, leicht öffnen und mit je 50 g Sobrassada (siehe Produktinfo) füllen. Anschließend mit Honig überziehen und zu den Wachteln in den Ofen geben.

Produktinfo: Wachteln sind die kleinsten Feldhühner und wiegen geschlachtet nur etwa 150 g. Sie leben hauptsächlich in Frankreich, Italien, Spanien und Griechenland. Wachteln haben einen würzigen Eigengeschmack und sind, auf vielseitige Weise zubereitet, kleine Leckerbissen.
Die Sobrassada ist eine spanische grobe Paprika-Streichwurst, die es, wie auch die Morcilla, beim Spanier zu kaufen gibt.

Perlhuhn im Ganzen

GEFLÜGEL **187**

»Ein Sonntagsbraten mal ganz anders – das Perlhuhn am Samstag vorbereiten und am Sonntag genießen!«

Zutaten

1 Perlhuhn (1,2 kg)
300 g Kalbsbrät
100 ml Sahne
1 Knoblauchzehe
50 g Pinienkerne
1/2 TL gehackter Rosmarin
Salz
Pfeffer
Muskatnuss
3 EL Olivenöl

1 Das Perlhuhn waschen und trockentupfen. Mit einem Löffelstiel oder dem Zeigefinger vorsichtig zwischen Fleisch und Haut entlangfahren und die Haut vom Fleisch lösen.

2 Kalbsbrät in einer Schüssel glatt rühren und flüssige Sahne tropfenweise dazugeben. Knoblauch schälen, fein hacken und mit Pinienkernen und Rosmarin unter das Kalbsbrät mischen. Mit Salz, Pfeffer und Muskatnuss würzen.

3 Das Kalbsbrät dick unter die Haut des Perlhuhns füllen und gleichmäßig glatt streichen. Das Perlhuhn auf eine Platte legen und zugedeckt im Kühlschrank 1 Tag ruhen lassen.

4 Das Perlhuhn innen und außen mit Salz und Pfeffer würzen und in einem Bräter mit Olivenöl zuerst auf der Brustseite, dann jeweils auf den Keulen 8–10 Minuten goldbraun anbraten, dann auf den Rücken legen. Im vorgeheizten Ofen bei 200 °C (Umluft 180 °C) 40 Minuten garen, zwischendurch mehrmals mit dem austretenden Fett übergießen. Das fertige Perlhuhn herausnehmen, auf einem Brett in Stücke zerteilen und servieren.

Variante: Perlhuhn gefüllt mit Sobrassada

1. Die Haut vom Perlhuhn wie oben beschrieben vom Huhn lösen und mit einer Sobrassada von guter Qualität unter der Haut füllen. **Tipp:** Sobrassada, die grobe, spanische Paprika-Streichwurst, wird als milde oder pikante Version angeboten.
2. Die Streichwurst gleichmäßig glatt streichen, das Perlhuhn von innen und außen mit Salz und Pfeffer würzen. Anschließend weiter zubereiten wie oben beschrieben.

Produktinfo: Ein Perlhuhn hat im Vergleich zum normalen Huhn einen rundlichen Körperbau und kurze Flügel. Sein Gefieder ist glatt und flach anliegend, mit kleinen, weißen Punkten, die an Perlen erinnern. Die höchste Qualitätsstufe ist das Gütezeichen »Label Rouge«, Kennzeichen für hohe Qualität in Frankreich. Das Perlhuhn wird erst dann geschlachtet, wenn es ausgewachsen ist, was wiederum, wegen Futter und Aufzucht, den hohen Preis erklärt.

Marokkanisches Gänsekeulen-Confit

GEFLÜGEL 189

»Eine besonders geschmackvolle Art des Konservierens – oder haben Sie vorher schon alles aufgegessen?«

Zutaten

- 1 kg Gänseschmalz
- 4 Gänsekeulen (à 300–350 g)
- 2 Knoblauchzehen
- 4 Sternanis
- 1 Zimtstange
- 5 Nelken
- 1 Lorbeerblatt
- 1 TL Pfefferkörner
- 1 EL Meersalz
- 1 walnussgroßes Stück Ingwer

1 Das Gänseschmalz in einem geeigneten Topf auf 100 °C erhitzen. Die Gänsekeulen in den Topf legen, sie müssen mit dem Schmalz restlos bedeckt sein. **Tipp:** Die Temperatur mit einem Thermometer kontrollieren! Den ungeschälten Knoblauch und die übrigen Gewürze dazugeben und alles etwa 2 1/2 Stunden bei niedriger Hitze ziehen lassen.

2 Die gegarten Gänsekeulen aus dem Topf nehmen und das Schmalz durch ein Sieb gießen. Die Keulen etwas abkühlen lassen, das Fleisch vom Knochen lösen und in kleine Stücke teilen. Das Fleisch in ein steriles Einmachglas schichten und mit dem Schmalz bedecken. Eventuell noch einmal abschmecken, anschließend im Kühlschrank abkühlen lassen.

3 Das Gänsekeulen-Confit auf ein geröstetes halbes Milchbrötchen streichen und mit grünen und blauen Trauben genießen.

 Variante: Noch typischer für ein marokkanisches Confit wird es mit 100 g gehackten Trockenfrüchten, die unter das Fleisch gemischt werden.

Produktinfo: Confit nennt man die Zubereitungsart von Gänse- oder Entenkeulen im eigenen Fett, die bei niedriger Temperatur gegart werden. Ein Confit ist sehr lange haltbar und kann im Kühlschrank zwei bis drei Monate aufbewahrt werden.

Ganzes Hühnchen, mariniert im Beutel

190 GEFLÜGEL

»Diese einfache Vorbereitung mit dem ganz eigenen Geschmack der Muskatblüte ist überwältigend.«

Zutaten

1 Huhn (1,2 kg)
250 ml dunkles Bier
100 ml Olivenöl
1 EL Sojasauce
1 TL süßer Senf
1 Msp Muskatblüte
1 EL gehackte Kräuter (Petersilie, Thymian, Rosmarin, Oregano)
Salz
Pfeffer

1. Das Huhn unter fließendem Wasser waschen und abtrocknen. Bier, Olivenöl, Sojasauce, süßen Senf, Muskatblüte, Kräuter, Salz und Pfeffer in einer Schüssel glatt rühren. Das Huhn in einen 6-Liter-Gefrierbeutel legen und mit der Marinade übergießen. Den Beutel fest verschließen und die Marinade leicht in das Huhn einmassieren. In den Kühlschrank legen und 1 Tag ziehen lassen.

2. Das Huhn aus dem Gefrierbeutel nehmen und die Marinade etwas abtropfen lassen. Auf ein Backblech legen und im vorgeheizten Ofen bei 200 °C (Umluft 180 °C) 45 Minuten garen, dabei mehrmals mit der restlichen Marinade bestreichen. Das fertige Huhn aus dem Ofen nehmen und portionieren.

Variante: Mojo-Hühnchen

1. Das Huhn unter fließendem Wasser waschen und abtrocknen.

2. Für die Mojo ein altes Brötchen in kleine Stücke schneiden, mit 125 ml Wasser und 3 EL Weißweinessig einweichen. Mit 2 geschälten, zerdrückten Knoblauchzehen, 3 getrockneten kleinen Chilischoten, 1 EL süßem Paprikapulver, 1 EL scharfem Paprikapulver, 1 TL Cumin, 1 Msp Safranfäden und grobem Meersalz mischen. Alle Zutaten in eine Küchenmaschine geben und zu einer feinen Paste verarbeiten. Zum Schluss 125 ml Olivenöl tropfenweise zugeben, bis eine cremige Würzpaste entsteht.

3. Das Huhn in einen 6-Liter-Gefrierbeutel geben, mit der Paste mischen und wie oben zubereiten.

Produktinfo: Die Muskatblüte, auch Mazis genannt, wird getrocknet oder gemahlen angeboten. Da ihr Aroma schnell verfliegt, sollte sie gemahlen nur in kleinen Mengen gekauft werden. Ihr harzig-aromatischer, leicht bitterer Geschmack wird zum Würzen von Fleischgerichten und Wurstsorten, aber auch zum Backen verwendet.
Mojo ist eine würzige Soße, die ihren Ursprung auf den Kanarischen Inseln hat. Es gibt sie in verschiedenen Sorten, z. B. Mojo verde mit Kräutern oder Mojo rojo mit reichlich Chilischoten.

Brasilianischer Geflügeltopf

GEFLÜGEL 193

»Frijoles negros – die schwarzen Bohnen – sind charakteristisch für diesen feurigen Eintopf!«

Zutaten

- 200 g getrocknete schwarze Bohnen
- 2 Geflügelkeulen
- Salz
- Pfeffer
- Mehl zum Bestäuben
- 3 EL Olivenöl
- 1 Zwiebel
- 1 Knoblauchzehe
- 1 Chilischote
- 1 EL schwarze Senfkörner
- 1 Dose Pizzatomaten (480 g)
- 1/2 l Geflügelbrühe
- etwas Limettensaft
- 1 EL gehacktes Koriandergrün

1. Die schwarzen Bohnen über Nacht in kaltem Wasser einweichen. Am nächsten Tag im Sieb abspülen und abtropfen lassen. Bohnen in einem Topf mit Wasser ca. 1 Stunde bei geringer Hitze weich kochen.

2. Die Geflügelkeulen jeweils mit einem Schnitt am Gelenk in 2 Teile trennen. Mit Salz und Pfeffer würzen und leicht mit Mehl bestäuben. Die Geflügelstücke in einer Pfanne mit 2 EL Olivenöl 3–4 Minuten kräftig von beiden Seiten anbraten und herausnehmen.

3. Zwiebel und Knoblauch schälen, halbieren und in feine Würfel schneiden. Die Chilischote halbieren und fein hacken. Zwiebel, Knoblauch, Chilischote und die Senfsaat in einem Topf mit dem restlichen Öl anschwitzen. Bohnen und Tomaten untermischen. Geflügelstücke zugeben, mit Salz und Pfeffer würzen und die Brühe angießen. Bei mittlerer Hitze 30 Minuten zugedeckt köcheln lassen. Zum Schluss mit Limettensaft verfeinern, mit Koriandergrün bestreuen und servieren.

Variante: Verfeinern Sie den Geflügeltopf mit 100 g Schmand.

Produktinfo: Die sehr aromatischen Bohnen »Frijoles negros« gehören in Brasilien zu den am häufigsten verwendeten Bohnensorten. Traditionell werden sie über Nacht in Wasser eingelegt, dann püriert und mit Schweineschmalz verfeinert. Andere beliebte Zubereitungsarten sind Eintöpfe, Suppen oder Salate. Die Bohnen werden meist getrocknet oder auch püriert in Konserven angeboten.

Maishuhnkeulen am Spieß

»Saftig und aromatisch – einfach lecker, diese gelben Happen!«

Zutaten

4 Maishuhnkeulen (etwa 1,2 kg)
200 ml Joghurt
1 TL Tandori-Paste (aus dem Asialaden)
400 g Bauchspeck
8 getrocknete Feigen
Salz
Pfeffer
3 EL Olivenöl

8 Holzspieße

1 Die Haut von den Maishuhnkeulen entfernen. Das Fleisch von den Knochen lösen und in 3 cm große Würfel schneiden. **Tipp:** Aus den Knochen lässt sich ein leckerer Fond zubereiten!
Joghurt und Tandori-Paste in einer Schüssel glatt rühren und die Fleischstücke darin einlegen. Im Kühlschrank zugedeckt mindestens 3 Stunden marinieren.
Tipp: Noch besser am Vortag zubereiten!

2 Den Bauchspeck in 3 cm große Scheibchen schneiden, von den Feigen den Stielansatz entfernen. Die eingelegten Fleischstücke im Wechsel mit Speck und Feigen, ähnlich wie beim Schaschlik, auf Holzspieße stecken. **Tipp:** Holzspieße vorher in Wasser einlegen, dann verbrennen sie nicht so schnell! Mit Salz und Pfeffer würzen und in einer heißen Pfanne mit Olivenöl von allen Seiten 6—7 Minuten kräftig anbraten. Die Geflügelspieße herausnehmen und heiß servieren.

Variante: Geflügelspieße wie oben beschrieben zubereiten, jedoch nicht anbraten, sondern auf einem Grillrost 8—10 Minuten grillen. Die Spieße gelegentlich mit der Joghurtmarinade einpinseln. Zusammen mit leckeren Folienkartoffeln oder frischen Blattsalaten servieren.

Produktinfo: Das gelbliche Maishuhn wurde nicht neu gezüchtet, es hat seinen Namen ganz einfach vom Füttern mit Mais. Ab einem Mindestgewicht von 1200 g darf sich das Maishuhn auch Maispoularde nennen!

SAUCEN & DRESSINGS

Den Salat dürfen gerne mal die anderen schnippeln. Auch den Braten in die Röhre zu schieben ist nicht das Geheimnis. Erst mit der Sauce verpasst man dem Ganzen seine persönliche Note, und da gilt vor allem: ein paar Basics beherrschen, etwas Mut beweisen und die eigene Fantasie mit einrühren. Und schon bekommt der angstbesetzte Saucenposten den ultimativen Spaßfaktor.

Der Saucen-Kult

198 SAUCEN & DRESSINGS

OB DRESSINGS ODER SAUCEN – WIR LIEBEN SIE. DIE FLÜS-SIGE KOMPONENTE RUNDET DAS ESSEN AB, GIBT IHM DEN GEWISSEN KICK UND LÄSST ES BESSER RUTSCHEN. Aber viele haben auch Respekt vor den würzigen, cremigen Tun-ken. Saucen gelten als Dickmacher, brauchen eine ganze Menge Zeit bei der Zubereitung und oft wird die Sauce als Gradmesser der Kochkunst genommen. Sicher gibt es eini-ge klassische Rezepte, die ein bisschen länger dauern, aber wer die Grundregeln beherrscht, die nötigen Tricks kennt und selbst etwas Fantasie mitbringt, wird sehr viel Spaß haben.

Erst die Pflicht, dann die Kür

Da gibt es erst einmal fünf Prozeduren, um die wichtigsten Saucen zu beherrschen. Dann stehen Ihnen alle Türen offen, um selber in den Saucen-Kult einzusteigen:

DIE BEURRE BLANC, »weiße Buttersauce«, wird auf der Basis von Schalotten hergestellt, die in Weißwein gedünstet und stark eingekocht werden. Zum Schluss werden kalte Butterstückchen untergerührt.

DIE SAUCE HOLLANDAISE ist für viele eine Zitterpartie, weil sie leicht gerinnt. Sie wird im Wasserbad zubereitet: In auf-geschlagenes Eigelb und Weißwein wird tropfenweise zerlas-sene Butter gerührt. Eine tolle Alternative ist die Rouille, eine kalt gerührte Mayonnaise, die viel schneller geht und eine höhere Erfolgsquote hat.

DIE HELLE GRUNDSAUCE wird mit einer Mehlschwitze her-gestellt: Das Mehl wird in zerlassener Butter angeschwitzt und mit Brühe, Milch, Sahne, Fond, Kokosmilch oder Gemü-sewasser aufgegossen. Durch Zugabe von Käse, Kräutern, Gewürzen etc. gibt es ungeahnte Möglichkeiten, die Sauce immer wieder abzuwandeln.

DIE SAHNESAUCE ist ganz einfach und schnell gemacht: Weißwein einkochen, mit Sahne aufgießen und unter Rühren noch einmal einkochen. Zum Schluss wird ein Stück Butter eingerührt. Passt zu Gemüse, Pasta, Fisch und Geflügel.

DIE SAUCE VOM BRATENSATZ ist die schnelle Variante der braunen Grundsauce: Der Bratensatz wird mit Rotwein abge-löscht und eingekocht. Sahne einrühren und einkochen, zum Schluss ein Stück Butter unterrühren.

Hilfe aus dem Supermarkt

Um Saucen zu verfeinern, abzuwandeln oder blitzschnell aus der Tüte zu zaubern, gibt es jede Menge Hilfsmittel, die mehr oder weniger zu empfehlen sind: Finger weg von Instantsau-cen und fertigen Dressings aus der Flasche. Sie machen aus jedem Gericht einen Einheitsbrei, weil sie Geschmacksver-stärker und künstliche Aromen enthalten, so dass der eigent-liche Geschmack voll auf der Strecke bleibt. In den Saucen-Notfallkoffer gehören aber auf jeden Fall gekörnte Brühen (am besten aus dem Bioladen oder Reformhaus), frische und getrocknete Kräuter, Gewürze und Würzpasten wie Senf oder Meerrettich.

Hier ein paar Tipps, um immer die richtige Sauce im richtigen Moment aus dem Ärmel zu schütteln:

Für eine gute Tomatensauce braucht man Dosentomaten, Zwiebeln, Knoblauch und Kräuter wie Rosmarin oder Thy-mian – und richtig viel Zeit. Denn je länger so eine Sauce einköchelt, desto aromatischer wird sie. Zugegeben, die Ket-chup-Variante geht schneller. Aber wie war das doch gleich: In einer Flasche Ketchup können bis zu 45 Stücke Würfelzu-cker stecken. Und geschmacklich liegen dazwischen Welten.

Für ein Basis-Dressing sind Balsamicoessig, Honig, Senf und gutes Olivenöl unabkömmlich. Wichtig dabei ist das Essig-Öl-Verhältnis 1:3. Um eine gute Emulsion hinzubekommen, immer erst Essig, Honig und Senf verrühren, dann langsam das Öl zugießen und dabei kräftig rühren. Verschiedene Öl- und Essigsorten, Ahornsirup, Konfitüren, Kräuter und Gewürze bringen immer wieder neue Varianten hervor.

Wenn's mal schnell gehen soll, ist eine Sahnesauce der Renner. Zwiebeln, Knoblauch, Sahne, Kräuter und/oder Käse reichen schon, um Pasta oder Gemüse zu beleben. Auch Mascarpone, Crème fraîche oder Schmand sind tolle Saucen-Helfer, die im Handumdrehen auf dezente Weise Geschmack bringen.

Der Horror ist und bleibt die Bratensauce. Selbst unsere Mütter greifen da oft zur fertigen Instant-Jägersauce. Dabei ist hier weniger oft mehr. Wer den Bratenansatz mit Rotwein ablöscht, das Ganze kräftig einkocht und durch ein Sieb gießt, hat eine wunderbare Sauce, von der man nicht viel braucht, weil die es in sich hat.

Grundsätzlich gilt: Saucen lassen den meisten Platz für Interpretationen, und wer gerne experimentiert, der ist hier genau richtig: Wenn es eine klassische Sauce sein soll, dann bitte richtig, mit dem vollen Einsatz und einer Menge Zeit. Ansonsten einfach je nach Saison, Lust und Laune Chutneys oder Salsas zusammenmixen, die sind superschnell fertig und passen irgendwie immer. Auch bei den Salatdressings gibt es keine Vorschriften, sondern nur Anregungen, die inspirieren und Spaß machen sollen. Also eintauchen und genießen!

200 SAUCEN & DRESSINGS

Weiße Sauce

»Im meinem ersten Kochbuch habe ich bereits über die weiße Sauce geschrieben. Da sie wirklich unschlagbar ist, möchte ich dieses Mal genauer darauf eingehen. Man braucht nur einen Löffel mit Gewürzen oder Kräutern zuzugeben, und schon hat man eine neue Sauce, die fast zu allem passt.«

Zutaten

100 ml Noilly Prat (trockener
   Vermouth)

200 ml trockener Weißwein

1 Lorbeerblatt

1 kleine Zwiebel

1 l Geflügelbrühe

150 ml Sahne

200 ml Crème double

Salz

Pfeffer

1 Spritzer Zitronensaft

1   Noilly Prat und Weißwein in einem Topf mit Lorbeerblatt und in Würfel geschnittener Zwiebel auf die Hälfte einkochen. Mit Geflügelbrühe auffüllen und erneut auf die Hälfte reduzieren.

2   Sahne und Crème double zugeben, mit Salz und Pfeffer würzen und kurz aufkochen. Lorbeerblatt und Zwiebel herausnehmen, die Sauce mit einem Spritzer Zitronensaft verfeinern und mit einem Stabmixer verrühren. Die Sauce durch ein Sieb passieren und servieren.

Varianten:
Currysauce

1 EL Currypulver mit 1 TL Butter anschwitzen, mit 300 ml weißer Sauce auffüllen, aufkochen und mit einem Spritzer Zitronensaft verfeinern.

Paprikasauce

1 kleine Paprikaschote schälen, entkernen und klein schneiden. Mit 1 EL Olivenöl anschwitzen, 1 EL Paprikapulver edelsüß und 1/2 TL gehackten Thymian zugeben, mit 300 ml weißer Sauce auffüllen und aufkochen. Die Sauce mit einem Spritzer Zitrone verfeinern und servieren.

Kräutersauce
300 ml weiße Sauce aufkochen, 3 EL gehackte Kräuter (Basilikum, Estragon, Petersilie) zugeben, mit einem Stabmixer fein pürieren und servieren.

Senfsauce
300 ml weiße Sauce aufkochen, 1 EL scharfen Senf zugeben, mit dem Stabmixer mischen und servieren.

Limettensauce
1 Limette abreiben und auspressen. 300 ml weiße Sauce mit Limettensaft und -schale verrühren, aufkochen und servieren.

Ingwersauce
300 ml weiße Sauce mit 1 EL geriebenem Ingwer verrühren und aufkochen. Mit dem Stabmixer pürieren und servieren.

Pestosauce
300 ml weiße Sauce aufkochen, 1–2 EL Pesto zugeben und mit dem Stabmixer fein pürieren.

Trüffelsauce
300 ml weiße Sauce aufkochen, 1 EL geriebenen Parmesan und 1 EL Trüffelöl zugeben, mit dem Stabmixer verrühren und servieren.

Olivensauce
1 EL gehackte schwarze Oliven und 1/2 TL gehackten Thymian in 1 EL Olivenöl anschwitzen, mit 300 ml weißer Sauce auffüllen und aufkochen. Mit dem Stabmixer fein pürieren und mit einem Spritzer Zitronensaft abschmecken.

Steinpilzsauce
1 EL gehackte Zwiebeln in 1 EL Olivenöl anschwitzen, 1 EL Steinpilzmehl zugeben und mit 300 ml weißer Sauce auffüllen. Aufkochen und mit einem Stabmixer fein pürieren.

Braune Sauce – Grundsauce

»Das Zubereiten einer Sauce ist mit viel Arbeit verbunden und die Königsdisziplin für jeden Koch. Daher möchte ich Ihnen diese Arbeitsschritte gerne erklären.«

Zutaten

- 1 1/2 kg Kalbsknochen
- 3 EL Olivenöl
- 2 Zwiebeln
- 1 Möhre
- 200 g Sellerie
- 1 Knoblauchzehe
- 2 EL Tomatenmark
- 1 EL Butter
- 400 ml Rotwein
- 1 Lorbeerblatt
- 1 EL schwarze Pfefferkörner
- 3 Gewürznelken

1. Die Kalbsknochen in einem Bräter mit Olivenöl im vorgeheizten Ofen bei 200 °C (Umluft 180 °C) 20 Minuten rösten, dabei mehrmals wenden. **Tipp:** Für eine braune Sauce können unterschiedliche Knochensorten verwendet werden.

2. Zwiebeln, Möhre, Sellerie und Knoblauch schälen, halbieren und in grobe Stücke schneiden.

3. Die Knochen aus dem Bräter nehmen, das überschüssige Öl abgießen und die Temperatur auf 180 °C (Umluft 160 °C) reduzieren. Das Gemüse mit Tomatenmark und Butter in den Bräter geben und 5 Minuten im Ofen anrösten.

4. Die Knochen zum Gemüse geben und 10 Minuten garen. Mit 200 ml Rotwein ablöschen und einkochen, dabei die Knochen mehrmals wenden. Diesen Vorgang wiederholen: 200 ml Rotwein aufgießen und einkochen. **Tipp:** Durch das Garen im Ofen bräunen die Knochen gleichmäßiger als auf dem Herd!

5. Den Bräter aus dem Ofen nehmen, alles in einen großen Topf umfüllen und mit 3,5 Liter Wasser bedecken. Lorbeerblatt, schwarze Pfefferkörner und Gewürznelken zugeben und bei geringer Hitze 1 1/2 Stunden köcheln lassen, dabei regelmäßig mit einer Kelle die Trübstoffe abschöpfen.

6. Die Sauce durch ein feines Sieb gießen, erneut aufkochen. Sehr sparsam salzen. Normalerweise lässt man die Sauce jetzt stark einkochen und bindet sie zum Schluss mit kalten Butterflocken. **Tipp:** Die Sauce kann auch mit püriertem Röstgemüse oder etwas angerührter Speisestärke gebunden werden!

Balsamico-Reduktion als Sauce

SAUCEN & DRESSINGS 205

Zutaten

2 Äpfel

2 Schalotten

2 EL Zucker

0,5 l Balsamicoessig

1 Lorbeerblatt

1 TL gehackter Thymian

Salz

Pfeffer

1 Die Äpfel schälen, halbieren, das Kerngehäuse entfernen und auf einer Reibe fein reiben. Schalotten schälen, halbieren und grob schneiden.

2 Zucker in einem Topf karamellisieren, mit Balsamico auffüllen und aufkochen.

3 Die geriebenen Äpfel, Schalottenwürfel, Lorbeerblatt und Thymian zugeben und 5 Minuten bei mittlerer Hitze reduzieren. Die Sauce durch ein Spitzsieb gießen, mit Salz und Pfeffer abschmecken und servieren.

Pilzrahmsauce

Zutaten

- 1 kg gemischte Pilze (Champignons, Kräuterseitlinge, Pfifferlinge, Steinpilze)
- 1 Zwiebel
- 1 EL Butter
- 200 ml trockener Weißwein
- 300 ml Brühe
- 150 ml geschlagene Sahne
- Salz
- Pfeffer
- 1 Spritzer Zitronensaft

1. Die Pilze putzen und in grobe Stücke schneiden. Zwiebel schälen, halbieren und fein würfeln.
2. Butter in einer Pfanne aufschäumen und die Zwiebel darin glasig dünsten. Die Pilzmischung zugeben und 4–5 Minuten kräftig anbraten. **Tipp:** Anfangs tritt viel Wasser aus, das die Pilze beim weiteren Anbraten wie ein Schwamm wieder aufsaugen! Mit Weißwein ablöschen und auf ein Drittel einkochen. Mit Brühe aufgießen und erneut um die Hälfte reduzieren.
3. Sahne einrühren, einmal aufkochen. Mit Salz und Pfeffer würzen und mit Zitronensaft abschmecken. **Tipp:** So wird aus dem Pfannensatz eine köstliche Sauce.

Variante: Die Pilzsauce wie oben beschrieben zubereiten, 1 EL Kapern und 1 EL grob gehackte Gewürzgurken zugeben und zum Schluss 1 EL gehackte Petersilie unterrühren.

Produktinfo: Pilze möglichst nicht waschen, weil sie sich sonst voll Wasser saugen. Am besten trocken putzen, z. B. mit einem Pinsel oder Küchenpapier vorsichtig abreiben. Außerhalb der Saison und für ein noch intensiveres Aroma getrocknete Steinpilze verwenden. Diese vorher in lauwarmem Wasser einweichen, das Wasser durch eine Filtertüte gießen (um evtl. Sand zu entfernen) und mitverwenden.

French Dressing

1 EL Mayonnaise · 1 EL scharfer Senf · 1 TL Honig
1 EL Weißweinessig · 5 EL Pflanzenöl · Salz · Pfeffer
1 EL gehackter Estragon

Die Mayonnaise mit Senf, Honig, Weißweinessig und Pflanzenöl glatt rühren, mit Salz und Pfeffer abschmecken und mit Estragon mischen.

Buttermilch-Dressing

200 ml Buttermilch · 2 EL Zitronensaft · 1 EL Walnussöl · 2 EL Olivenöl · Salz · Pfeffer · 1 Prise Zucker
1 EL gehackte Walnüsse · 1 TL gehackte Petersilie

Buttermilch mit Zitronensaft, Walnussöl, Olivenöl, Salz, Pfeffer und Zucker glatt rühren, Walnüsse und Petersilie unterrühren.

SAUCEN & DRESSINGS **209**

Roquefort-Dressing als Dip

50 g Roquefortkäse · 4 EL Sahne · I EL Himbeeressig · 2 EL Crème fraîche · Salz · Pfeffer

Roquefort in einer Schüssel zerbröseln
und mit Sahne und Himbeeressig glatt
rühren. Mit Crème fraîche mischen und
mit Salz und Pfeffer würzen.

Roquefort-Dressing als Dip

Mayonnaise-Kümmel-Dressing mit Malzbier

4 EL Mayonnaise · 4 EL Malzbier · I EL Rotweinessig · I TL Paprikapulver edelsüß · I Msp Cayennepfeffer · I/2 TL zerstoßener Kümmel
Schale von I/2 Orange · Salz · Pfeffer

Die Mayonnaise mit Malzbier, Rotweinessig, Paprikapulver, Cayennepfeffer, Kümmel und der Orangenschale
glatt rühren und mit Salz und Pfeffer abschmecken.

Mayonnaise-Kümmel-Dressing
mit Malzbier

Himbeerdressing

Dieses fruchtige Dressing passt besonders zu leicht bitteren Salaten wie Chicorée und Radicchio oder kombiniert zu einer gegrillten Hühnerbrust.

300 g TK-Himbeeren · 1 TL geriebener Ingwer · 3 EL Himbeeressig 3—4 Tropfen Sesamöl · 5 EL Erdnussbutter · Salz · Pfeffer

Die Himbeeren auftauen und in einer Schüssel mit Ingwer, 4 EL Wasser, Himbeeressig, Sesamöl, Erdnussöl, Salz und Pfeffer glatt rühren.

Die Vinaigrette ist eine kalte Salatsauce, basierend auf einer Emulsion aus Essig und Öl. Der Essig kann durch Zitronen- oder Limettensaft ersetzt, die Vinaigrette mit Kräutern, Senf oder Zwiebeln verfeinert werden.

Pinienkern-Vinaigrette

6 EL Olivenöl · 2 EL Zitronensaft · 1 EL Honig · 1 fein gehackte Chilischote · 1 TL zerstoßene Koriandersaat · 2 EL geröstete, grob gehackte Pinienkerne · Salz · Pfeffer

Olivenöl mit Zitronensaft, 3 EL Wasser, Honig, Chilischote und Koriander in einer Schüssel glatt rühren, Pinienkerne zugeben, mit Salz und Pfeffer würzen.

SAUCEN & DRESSINGS 211

Asiatisches Dressing

Mit etwas Gemüse serviert, passt dieses Dressing perfekt zu Thunfisch.

1 EL geriebener Palmzucker (ersatzweise 1 EL brauner Zucker) · 4 EL Reisessig · 2 EL helle Sojasauce · 6 EL Erdnussöl · 1 klein gehackte Knoblauchzehe · Salz · Pfeffer · 1 EL gehacktes Koriandergrün

Palmzucker mit Reisessig, Sojasauce, Erdnussöl, Knoblauch, Salz und Pfeffer glatt rühren, Koriandergrün zugeben und servieren. **Tipp:** Nach Belieben mit Pinienkernen oder gerösteten Nüssen mischen!

Gemüse-Vinaigrette

Diese aromatische Gemüsevinaigrette passt sehr gut zu Spargel oder zu saftig gebratenem Fischfilet.

je 1 EL klein geschnittene Gemüsewürfel aus Möhre, Sellerie, Lauch, Paprikaschote · Salz · 6 EL Olivenöl · 2 EL Zitronensaft · 1 TL scharfer Senf · Pfeffer · 1 Prise Zucker · 1 EL gehackter Kerbel

1 Die Gemüsewürfel mit kochendem Salzwasser 1–2 Minuten blanchieren, in Eiswasser abschrecken und in einem Sieb abtropfen lassen.
2 Olivenöl mit Zitronensaft, 3 EL Wasser, Senf, Salz, Pfeffer und Zucker in einer Schüssel glatt rühren, die Gemüsewürfel zugeben und mit dem Kerbel mischen.

Paprika-Salsa

je 1 rote, gelbe und grüne Paprikaschote · 1 Knoblauchzehe · 2 EL Zitronensaft · 6 EL Olivenöl · 1 TL gehackter Rosmarin · Salz · Pfeffer

1 Die Paprikaschoten auf ein Backblech legen und im vorgeheizten Ofen auf Grillstufe 7—8 Minuten grillen, bis die Haut Blasen wirft, dabei mehrmals wenden. Paprikaschoten herausnehmen und 5 Minuten in einen Gefrierbeutel legen. **Tipp:** Durch den Wasserdampf löst sich die Haut der Paprikaschote besser!

2 Die Paprikaschoten halbieren, Strunk und Kerne entfernen, Paprika schälen und in kleine Würfel schneiden. Die Knoblauchzehe schälen und fein hacken. Paprikawürfel mit Knoblauch, Zitronensaft, Olivenöl und Rosmarin mischen und mit Salz und Pfeffer würzen.

Melonen-Gurken-Salsa

1/2 vollreife Cantaloupe-Melone · 1 Gurke (ca. 400 g) · 1 Chilischote 1 EL brauner Zucker · 3 EL Limettensaft · 2—3 EL Olivenöl · Salz Pfeffer · 1 EL gehackte Minze

1 Die Melone schälen, entkernen und in kleine Würfel schneiden. Die Gurke schälen, halbieren, mit einem Löffel das Kerngehäuse entfernen und ebenfalls in kleine Würfel schneiden. Die Chilischote fein hacken.

2 Melone, Gurke und Chilischote mit Zucker, Limettensaft und Olivenöl mischen, mit Salz und Pfeffer abschmecken und mit der Minze verfeinern.

Champignon-Salsa mit Bacon

250 g Champignons · 1 rote Zwiebel · 1 Chilischote · 100 g Bacon · 2 EL Zitronensaft · 8 EL Olivenöl · 2 EL Schnittlauchröllchen · Salz · Pfeffer 1 Prise Zucker · 1 EL Parmesanspäne

1. Champignons in kleine Würfel schneiden, die Zwiebel schälen, halbieren und fein würfeln, die Chilischote fein hacken. **Tipp:** Champignons können roh verzehrt werden, andere Pilzsorten vorher blanchieren!
2. Den Bacon in feine Streifen schneiden und in einer Pfanne ohne Öl kross anbraten.
3. Alle Zutaten mit Zitronensaft, Olivenöl und Schnittlauchröllchen mischen, mit Salz, Pfeffer und Zucker abschmecken. 10 Minuten ziehen lassen, dann mit Parmesanspänen etwas binden.

Variante: Vegetarier verwenden statt des Bacons 50–100 g zerbröselten Schafskäse.

Waldorf-Salsa

1 grüner Apfel (Granny Smith) · 200 g Staudensellerie · 1 Chilischote 150 g saure Sahne · 3 EL grob gehackte Erdnüsse · 2 EL Zitronensaft 6 EL Olivenöl · Salz · Pfeffer · 1 Prise Zucker

1. Den Apfel halbieren, das Kerngehäuse entfernen und in kleine Würfel schneiden. Staudensellerie klein schneiden, Chilischote fein hacken.
2. Saure Sahne mit Apfel, Sellerie, Chilischote, Erdnüssen, Zitronensaft und Olivenöl mischen, mit Salz, Pfeffer und einer Prise Zucker abschmecken.

Omas klassischer Rumtopf

SAUCEN & DRESSINGS

»Wenn Sie mal eben ein Dreivierteljahr Zeit haben, erkläre ich Ihnen, worin das Geheimnis der Zubereitung liegt. Oder sollen wir es vielleicht doch etwas beschleunigen?«

Zutaten

750 g Zucker
700 ml brauner Rum (54 %)
400 g kleine Erdbeeren
400 g Kirschen
400 g Pflaumen
2 Mandarinen (200 g)
2 Pfirsiche (400 g)
1 Sternanis
1 Zimtstange

1 Den Zucker mit 300 ml kaltem Wasser erwärmen und bei mittlerer Hitze 5 Minuten köcheln lassen. Den Topf vom Herd nehmen, mit Rum aufgießen und abkühlen lassen.

2 Die Erdbeeren säubern und halbieren oder vierteln, von den Kirschen den Stiel entfernen. Die Pflaumen vierteln, entsteinen und in grobe Stücke schneiden. Die Mandarinen schälen und in die einzelnen Segmente teilen. Den Pfirsich halbieren, entsteinen und in 2 x 2 cm große Würfel schneiden. **Tipp:** Nur feste Früchte verwenden, sonst wird der Rumtopf trüb!

3 Die Früchte mit Sternanis und Zimtstange in ein passendes Gefäß (Steinguttopf oder großes Glas) füllen und mit dem Rum übergießen. Den Topf mit Klarsichtfolie abdecken und diese mit einer Gabel mehrmals einstechen.

4 Den Rumtopf mindestens 3–4 Tage an einem dunklen, kühlen Ort ziehen lassen.

5 Den Rumtopf in Gläser füllen und mit einer Kugel Vanilleeis servieren. **Tipp:** Die Rumtopfmenge ist sehr großzügig bemessen, aber je länger er stehen bleibt, umso besser wird er!

Die lange Zubereitungsart

Mai und Juni: 500 g Erdbeeren mit 250 g Zucker mischen und mit 0,7 l braunem Rum (54 %) auffüllen.

Juni und August: 500 g Sauerkirschen (mit Stein), 250 g Zucker und 200 ml Rum dazugeben.

Juli und August: 500 g Aprikosen oder Pfirsiche, 250 g Zucker und 200 ml Rum dazugeben.

August und September: 500 g Mirabellen, 250 g Zucker und 200 ml Rum dazugeben.

September und Oktober: 500 g gemischte Trauben, 250 g Zucker und 200 ml Rum dazugeben.

Oktober und November: Nach 2–4 Wochen Ruhezeit 350 ml Rum nachgießen.

Dezember: Das Warten hat ein Ende – es darf probiert werden!

Tomaten-Chutney

6 Tomaten (ca. 600 g) · 1 TL Fenchelsaat · 2 Sternanis · 1 Zimtstange
1 EL Zucker · Salz · Pfeffer · 50 ml Weißweinessig · 2 EL Olivenöl

1. Die Stielansätze der Tomaten entfernen, Tomaten achteln und die Kerne entfernen.
2. Die Tomaten in einer feuerfesten Form mit Fenchelsaat, Sternanis, Zimtstange, Zucker, Salz, Pfeffer und Weißweinessig mischen und mit Olivenöl beträufeln.
3. Die Tomaten zugedeckt im vorgeheizten Ofen bei 180 °C (Umluft 160 °C) 60 Minuten im Ofen schmoren, mit einer Gabel leicht zerdrücken, herausnehmen und in ein Glas füllen.

Zwiebel-Lorbeer-Chutney

4 Zwiebeln (ca. 600 g) · 2 Chilischoten · 2 EL Olivenöl · 2 EL Honig
2 Lorbeerblätter · 1 TL gehackter Thymian · Salz · Pfeffer · 120 ml Weißweinessig

1. Die Zwiebeln schälen, halbieren und in 1 cm breite Würfel schneiden. Chilischoten ohne Kerne klein schneiden.
2. Zwiebelwürfel und Chili in einem Topf mit Olivenöl 20 Minuten glasig anschwitzen. Honig, Lorbeerblätter und Thymian zugeben und mit Salz und Pfeffer würzen. Mit Weißweinessig auffüllen und zugedeckt bei geringer Hitze so lange köcheln lassen, bis die Flüssigkeit verdampft ist. In ein Glas füllen und abkühlen lassen.

Rhabarber-Kirsch-Chutney

1 kg Rhabarber · ca. 300 g Süßkirschen · 1 Vanilleschote · 1 Chilischote
2 EL Olivenöl · 120 g brauner Zucker · 1 TL geriebener Ingwer
2 Kardamomkapseln · 150 ml Weißweinessig

1. Den Rhabarber schälen, die holzigen Enden abschneiden, in 5 cm lange Stücke schneiden. Süßkirschen halbieren und den Stein entfernen. Vanilleschote längs aufschlitzen und das Mark herauskratzen. Chilischote klein schneiden.
2. Rhabarber, Kirschen und Chili in einem Topf mit Olivenöl anschwitzen. Zucker, Ingwer, Kardamom und die Vanilleschote mit Mark zugeben und mit Weißweinessig auffüllen. **Tipp:** 1 TL Natron dazugeben, um die Säure zu binden! Zugedeckt bei geringer Hitze 20 Minuten köcheln lassen. In ein Glas füllen und abkühlen lassen.

Auberginen-Chutney

2 Auberginen (ca. 700 g) · Salz · 3 EL Weißweinessig · 1 rote Zwiebel
1 Knoblauchzehe · 1 Chilischote · 1 EL gehackte Kapern · 1/2 TL Kurkuma · 1/2 TL gehackter Kreuzkümmel (Cumin) · 3 TL Honig · 2 EL Olivenöl · 100 ml Brühe · Salz · Pfeffer

1. Den Stielansatz der Auberginen abschneiden, Auberginen mit der Schale in feine Würfel schneiden. In einem Topf mit kochendem Salzwasser und 2 EL Weißweinessig 1–2 Minuten blanchieren, in Eiswasser abschrecken und in einem Sieb abtropfen lassen. **Tipp:** Durch das Essigwasser bleiben die Auberginen hell!
2. Zwiebel und Knoblauch schälen, halbieren und in feine Würfel schneiden. Chilischote klein hacken.
3. Zwiebel, Knoblauch, Chili, Kapern, Kurkuma, Kreuzkümmel und Honig in einem Topf mit Olivenöl anschwitzen. Die Auberginenwürfel dazugeben, mit 1 EL Weißweinessig mischen und mit der Brühe aufgießen. Zugedeckt bei geringer Hitze 15 Minuten köcheln lassen, mit Salz und Pfeffer würzen.

KARTOFFELN

Kartoffeln sind irgendwie bodenständig, und sofort schwingt etwas Langeweile mit. Für mich ist das der besondere Kick, denn es gibt nichts Schöneres, als simple Produkte schlicht zuzubereiten und trotzdem überraschend zu präsentieren: Die Kartoffelsalate (mit Frikadellen) auf einer Geburtstagsparty während der Produktion des Buches waren der Knaller.

Frauen in der Küche? Find ich super!

WER VON SIEGLINDE, NICOLA, BINTJE UND LINDA SCHWÄRMT, IST EHER KOCH ALS CASANOVA, DENN DIESE VIER GEHÖREN ZU DEN BEKANNTESTEN KARTOFFELSORTEN. OHNE SIE GEHT NICHTS IN DEUTSCHLANDS KÜCHEN.

Dabei mussten wir zu unserem Glück gezwungen werden: Der »Kartoffelerlass« im Dreißigjährigen Krieg hatte zwar zur zaghaften Verbreitung der Knolle geführt, die Bevölkerung aber noch nicht wirklich überzeugt. Schließlich wurde der Kartoffelanbau 1756 von höchster Stelle befohlen – und ihr Siegeszug war nicht mehr aufzuhalten. Kein Wunder! Nur wenige Lebensmittel sind so wandlungsfähig wie der Erdapfel. Deftig oder fein, als Beilage oder Hauptgericht, die Knolle überzeugt in der Hausmannskost wie in der Haute Cuisine. Heute ist Deutschland der größte Kartoffelproduzent innerhalb der EU. Dass man aus Kartoffeln auch Schnaps, Seife und Sprit machen kann, bleibt in diesem Kapitel unberücksichtigt.

Kleine Warenkunde: Mit Fett und Sauce zum Dickmacher

Lange galten Kartoffeln als echte Dickmacher. Ähnlich wie bei den Nudeln, die mit dem gleichen Vorurteil zu kämpfen hatten, sind auch bei den Kartoffeln eher Saucen und Zubereitung schuld an den zusätzlichen Kalorien. Wer Kartoffeln in viel Fett brät, in Butter schwenkt oder mit angedickten Saucen übergießt, muss sich über Speckpölsterchen nicht wundern. Die Kartoffel selbst ist harmlos: Sie besteht zum größten Teil aus Wasser (rund 77 Prozent) und hat pro 100 g gerade einmal 70 Kalorien. Und ihr Eiweiß kann unser Körper besonders gut verwerten.

Auf die richtige Sorte kommt es an

Entscheidend für das gute Gelingen von Kartoffelgerichten ist die richtige Kartoffelsorte:

FESTKOCHENDE KARTOFFELN springen beim Kochen nicht auf, sondern bleiben fest in der Schale. Sie eignen sich hervorragend für Speisen, bei denen die Kartoffelscheiben nicht zerfallen sollen, wie Bratkartoffeln, Gratins oder Kartoffelsalat.

Für Pellkartoffeln oder Suppen wählt man am besten die VORWIEGEND FESTKOCHENDEN SORTEN. Die Schale lässt sich nach dem Kochen einfacher ablösen als bei den festkochenden, dennoch bleibt die Kartoffel in ihrer Form erhalten.

Wird die Knolle dagegen weiterverarbeitet – etwa zu Püree, Eintopf oder Klößen –, empfiehlt sich der Griff zur MEHLIGKOCHENDEN SORTE.

Da sich Kartoffeln problemlos einlagern lassen, können wir sie das ganze Jahr genießen. Wer über eine trockene, luftige, kühle und dunkle Lagermöglichkeit verfügt, kann sie gleich sackweise kaufen und einkellern. Doch der Standort muss optimal sein, sonst nimmt die Qualität der Knollen Schaden.

Lichteinwirkung führt zur Bildung von giftigem Solanin, erkennbar an der Grünfärbung unter der Schale. Eine zu warme Lagerung lässt die Kartoffeln keimen, gleichzeitig wird Vitamin C abgebaut. Aber auch zu kalt darf's nicht sein: Wenn die Kartoffeln Frost bekommen, verwandelt sich ihre Stärke in Zucker, sie werden süßlich im Geschmack – eine Eigenschaft, die man bei Grünkohl schätzt, nicht aber bei Kartoffeln.

Geeignet für die Einlagerung sind Sorten, die erst im Herbst geerntet werden. Frühkartoffeln dagegen halten sich nur etwa zwei Wochen.

Klar: Nach einem langen Winter mit eingelagerten Kartoffeln freut man sich auf junge Knollen, deren hauchdünne Schale nur abgebürstet und mitgegessen wird. Aber wie bei Erdbeeren oder Spargel lohnt sich auch hier das Warten auf heimische Produkte. Es gibt keinen Grund, zu Kartoffeln aus Südeuropa oder Ägypten zu greifen. Kartoffeln sind bodenständig. Sie lassen sich zwar einlagern, aber nicht einfliegen. Das finden sie geschmacklos – Sie werden es schon merken!

So gesund ist die Kartoffel

Unglaublich, was in dieser kleinen Knolle steckt: 100 g Kartoffeln enthalten 65 mg Fett, 411 mg Kalium, 6 mg Kalzium, 20 mg Magnesium und 17 mg Vitamin C, außerdem Phosphor, Eisen, Vitamin A und B-Vitamine – und das alles bei nur 70 Kalorien!

Papas arugadas – die runzligen Kartoffeln mit Mojo Picon

»Auf den Kanaren zu Hause und bei mir herzlich willkommen.«

Zutaten
800 g kleine Kartoffeln (Drillinge)
1/2 TL Kümmel
1 Lorbeerblatt
2 EL Salz

Mojo Picon
50 g trockenes Weißbrot
5 EL Weißweinessig
2 Knoblauchzehen
3 kleine getrocknete Chilischoten
1 TL Kreuzkümmel (Cumin)
1 EL Paprikapulver edelsüß
1 EL Paprikapulver scharf
100 ml Olivenöl

1 Die Kartoffeln in einem Topf mit Salzwasser, Kümmel und Lorbeerblatt 10 Minuten bissfest kochen, das Wasser abgießen und die Kartoffeln auf ein Backblech legen. Im vorgeheizten Ofen bei 180 °C (Umluft 160 °C) 45 Minuten trocknen lassen.

2 Eine Tasse Wasser mit dem Salz verrühren, die Kartoffeln mehrmals gleichmäßig damit bestreichen, bis sich ein weißer Rand an den Kartoffeln bildet.

3 In der Zwischenzeit für die Salsa das Brot in grobe Stücke schneiden und in einem hohen Gefäß mit 7 EL kaltem Wasser und Essig einweichen.

4 Die Knoblauchzehen schälen und mit Chilischote, Kreuzkümmel und Salz im Mörser zu einer feinen Paste verrühren. Das Brot mit der Paste, Paprikapulver und Olivenöl mischen und mit dem Stabmixer fein pürieren.

Die runzligen Kartoffeln aus dem Ofen nehmen und lauwarm mit der Mojo-Picon-Salsa servieren.

Variante: Grüne Mojo-Sauce
2 Knoblauchzehen, 2 grüne Pfefferschoten, 1 Bund Koriandergrün, 5 Zweige Minze, 100 ml Olivenöl, 50 ml frisch gepresster Limettensaft, Salz, Pfeffer

1. Die Knoblauchzehe schälen und fein hacken. Die Pfefferschoten halbieren, entkernen und klein schneiden. Koriandergrün und Minze fein hacken.

2. Das Olivenöl in einem Topf erhitzen, den Knoblauch bei milder Hitze hellbraun anschwitzen, die Pfefferschoten zugeben, mit Limettensaft aufgießen und mit Salz und Pfeffer würzen. Kurz aufkochen und die Sauce auf Zimmertemperatur abkühlen lassen.

3. Koriandergrün und Minze in die abgekühlte Sauce geben. Die Mojo-Sauce ca. 30 Minuten ziehen lassen und eventuell nachwürzen.

Knusprige Leoner Bratkartoffeln

KARTOFFELN 225

»Ich weiß, ich habe diese Bratkartoffeln schon mal vorgestellt, aber sie sind für mich einfach Kult ...«

Zutaten

- 1 Zwiebel
- 750 g gekochte Kartoffeln vom Vortag (vorwiegend festkochend)
- ca. 100 g Butterschmalz
- 1 Stück Butter
- Salz
- 1 TL Paprikapulver
- 2 EL gehackte Petersilie

1 Die Zwiebel schälen, halbieren und in Streifen schneiden. Die gekochten Kartoffeln schälen und in Scheiben schneiden.

2 Das Butterschmalz in einer Pfanne erhitzen, die Zwiebelstreifen darin hellbraun anschwitzen und herausnehmen. Die Kartoffeln in die Pfanne geben und bei mittlerer Hitze 7–8 Minuten goldbraun braten. **Tipp:** Die Kartoffeln am Anfang nicht gleich wenden. Keine Angst, sie brennen nicht an! Die Zwiebeln zugeben und mit der Butter weitere 2 Minuten anbraten, dabei mehrmals schwenken. Mit Salz und Paprikapulver würzen und mit der gehackten Petersilie bestreuen.

Variante: Extra würzig wird's, wenn Sie zusammen mit den Zwiebeln 75 g gewürfelten Speck anbraten und die Kartoffeln mit 1/2 TL gehacktem Kümmel würzen.

Anna-Kartoffeln mit Rotweinzwiebeln

»Aromatisch wie Bratkartoffeln, jedoch mit einem geheimnisvollen Kern!«

Zutaten

- 1 Gemüsezwiebel (ca. 400 g)
- 1 EL Butter
- 4 EL Olivenöl
- Salz
- Pfeffer
- 1 Prise Zucker
- 50 ml Rotwein
- 700 g Kartoffeln (vorwiegend festkochend)
- 1 TL gehackter Thymian

1. Die Zwiebel schälen, halbieren und in feine Streifen schneiden. In einer Pfanne mit Butter und 2 EL Olivenöl bei mittlerer Hitze goldbraun anbraten, dabei häufig rühren. Mit Salz, Pfeffer und einer Prise Zucker würzen. Mit Rotwein ablöschen und sirupartig einkochen.
2. Die Kartoffeln schälen und mit dem Gemüsehobel in dünne Scheiben hobeln.
3. Das restliche Olivenöl in eine beschichtete Pfanne geben, den Pfannenboden mit Backpapier auslegen. Eine Lage Kartoffelscheiben kreisförmig und dachziegelartig auf den Pfannenboden legen. Eine zweite Lage ebenfalls dachziegelartig darauf verteilen und in der Mitte einen Kreis von ca. 8 cm Durchmesser auslassen. **Tipp:** Stellen Sie eine große Tasse in die Mitte, dann legen Sie die Kartoffelscheiben ein und entfernen die Tasse wieder! Die Rotweinzwiebeln in die Mitte setzen und mit einer weiteren Kartoffelschicht ganz bedecken.
4. Im vorgeheizten Ofen bei 200 °C (Umluft 180 °C) 60 Minuten backen. Die Pfanne herausnehmen, die Kartoffeln auf einen großen Teller stürzen und servieren.

Variante: Sie können die Anna-Kartoffeln statt mit Rotweinzwiebeln einfach mit geschmolzenen Zwiebeln zubereiten: 2 Zwiebeln schälen, halbieren und in feine Scheiben schneiden. Die Zwiebeln in einer Pfanne mit 1 EL Butter und 2 EL Olivenöl goldbraun anbraten. Mit Salz, Pfeffer und einer Prise Zucker würzen, mit 50 ml Brühe ablöschen und sirupartig einkochen.

Kartoffelspalten aus dem Ofen

»Als Beilage zu Fleisch oder Geflügel knusprig würzig, pur mit Ketchup und Mayo der Knaller –
eine Pommes-Variante, die es in sich hat.«

Zutaten
1,5 kg Kartoffeln (vorwiegend festkochend)
3 EL Olivenöl
1 EL grobes Meersalz
1 TL Paprikapulver edelsüß
1 EL grob gehackter Majoran

Mayonnaise
1 Eigelb
1 TL scharfer Senf
1 TL Zitronensaft
150 ml Pflanzenöl
2 El Joghurt
Salz und Pfeffer

1 Die Kartoffeln schälen und in Spalten schneiden. Olivenöl, Meersalz, Paprikapulver und Majoran in einer Schüssel mischen. Kartoffeln zugeben und so lange mischen, bis die Kartoffeln völlig vom Würzöl überzogen sind.

2 Kartoffeln auf ein Backblech geben und im vorgeheizten Ofen bei 210 °C (Umluft 190 °C) 20 Minuten goldbraun backen.

Mayonnaise

Eigelb, Senf und Zitronensaft in einer kleinen Schüssel mischen. Öl tropfenweise zugeben, dabei mit einem Schneebesen kräftig rühren, bis eine Emulsion entsteht.
Tipp: Geben Sie 1 EL warmes Wasser zum Eigelb, dann bindet die Mayonnaise besser und gerinnt nicht! Joghurt zugeben und unterrühren, das macht die Mayonnaise leichter. Mit Salz und Pfeffer abschmecken.

Variante: Mandel-Knoblauchsauce 2 Knoblauchzehen schälen und mit 1 Prise Salz fein zerreiben. 6 EL Mayonnaise, Knoblauch und 2 EL gehackte Mandeln mit 3 EL Milch glattrühren, mit Pfeffer würzen und mit 1 EL gehackter Petersilie mischen.

Würzig gefüllte Kartoffeln aus dem Ofen

»Ob für den kleinen Hunger zwischendurch oder als Beilage – sie sind ein Gedicht!«

Zutaten

16 mittelgroße, vorgekochte Kartoffeln
100 g Greyerzer
100 g Bergkäse
16 Lorbeerblätter
16 dünne Scheiben Bacon
grobes Meersalz
Pfeffer
200 ml Brühe

1. Die gekochten Kartoffeln schälen und mit einem Kugelausstecher oder Moccalöffel aushöhlen. Greyerzer und Bergkäse mit einer groben Reibe raspeln und mischen.
2. Die ausgehöhlten Kartoffeln mit der Käsemischung füllen, je ein Lorbeerblatt darüberlegen und mit je einer Speckscheibe umwickeln. In eine Auflaufform setzen, mit wenig Salz und Pfeffer würzen und die Brühe angießen.
3. Im vorgeheizten Ofen bei 200 °C (Umluft 180 °C) 20–25 Minuten backen. Aus dem Ofen nehmen und servieren.

Produktinfo: Greyerzer oder Gruyère wird aus roher Kuhmilch in der Westschweiz hergestellt. Sein Fettgehalt beträgt 45 % in der Trockenmasse. Wegen seines herzhaften Geschmacks eignet er sich gut zum Überbacken und Würzen.

Kartoffelsalat mit Mayonnaise

750 g gekochte Kartoffeln vom Vortag (festkochend, z. B. Cilena, Nicola oder Stella) · 1 rote Zwiebel · 2 Gewürzgurken · 2–3 Tomaten
4 EL Mayonnaise · 4 EL Joghurt · Gurkensaft aus dem Glas · Salz
Pfeffer · 1 Beet Kresse

1. Die gekochten Kartoffeln schälen und in Scheiben schneiden. Die Zwiebel schälen, halbieren und in feine Würfel schneiden. Die Gewürzgurken klein schneiden. Die Tomaten vierteln, den Stielansatz herausschneiden und die Kerne entfernen. Tomaten in grobe Stücke schneiden.
2. Kartoffeln, Zwiebeln, Gewürzgurken und Tomaten in eine Schüssel füllen. Mayonnaise, Joghurt und den Gurkensaft verrühren und mit Salz und Pfeffer würzen. Über die Salatzutaten geben und alles vorsichtig vermengen. Den Kartoffelsalat mit Kresse bestreuen und servieren.

Kartoffelsalat mit Essig-Öl-Dressing

750 g gekochte Kartoffeln vom Vortag (festkochend, z. B. Cilena, Nicola oder Stella) · 2 kleine Zwiebeln · 100 g Speck · 4 EL Pflanzenöl
500 ml Brühe · 1 Lorbeerblatt · 5 EL Weißweinessig · 1 EL mittelscharfer Senf · Salz · Pfeffer · 2 EL geschnittener Schnittlauch

1. Die gekochten Kartoffeln schälen, in Scheiben schneiden und in eine Schüssel geben. Die Zwiebeln schälen, halbieren und in feine Würfel schneiden. Den Speck fein würfeln.
2. Zwiebeln und Speck in einem Topf mit 1 EL Öl glasig dünsten, mit Brühe auffüllen, das Lorbeerblatt zugeben und auf die Hälfe einkochen. Essig und Senf zugeben, noch einmal aufkochen und über die Kartoffeln gießen. Das Lorbeerblatt entfernen, mit Salz und Pfeffer würzen und abgedeckt 10 Minuten ziehen lassen.
3. Das restliche Öl über den Kartoffelsalat träufeln, durchrühren und noch einmal abschmecken. Vor dem Servieren mit dem Schnittlauch bestreuen.

Kartoffelsalat mit Pesto

750 g gekochte Kartoffeln vom Vortag (festkochend, z. B. Cilena, Nicola oder Stella) · 250 ml Gemüsebrühe · 50 g Pinienkerne I Knoblauchzehe · 50 g geriebener Parmesan · I Bund Basilikumblätter, gehackt · 200 ml Olivenöl Salz · Pfeffer · 100 g Kapernäpfel I Spritzer Zitronensaft

1 Die gekochten Kartoffeln schälen, in Scheiben schneiden und in eine Schüssel geben. Brühe erhitzen, über die Kartoffeln gießen und zugedeckt ziehen lassen. Die Pinienkerne in einer Pfanne ohne Fett goldbraun anrösten.

2 Knoblauch schälen und mit Parmesan, Pinienkernen, Basilikum und Olivenöl im Blitzhacker zu einem flüssigen Pesto verarbeiten. Mit Salz und Pfeffer abschmecken.

3 Das Pesto über die Kartoffeln träufeln und gut untermischen. Den Kartoffelsalat 10 Minuten ziehen lassen, die Kapernäpfel zugeben, mit Salz, Pfeffer und einem Spritzer Zitronensaft abschmecken.

Spanischer Kartoffelsalat

750 g gekochte Kartoffeln vom Vortag (festkochend, z. B. Cilena, Nicola oder Stella) · 250 ml Gemüsebrühe · I rote Paprika · I rote Zwiebel · I weiche Chorizo (spanische Chilisalami) · 4 EL Olivenöl · 5 EL Rotweinessig · I EL Ajvar Salz · Pfeffer · 1/2 Bund Rauke, grob gehackt

1 Die gekochten Kartoffeln schälen, in Scheiben schneiden und in eine Schüssel geben. Brühe erhitzen, über die Kartoffeln gießen und zugedeckt ziehen lassen. Die Paprika halbieren, den Strunk mit dem Kerngehäuse entfernen, die Paprika in kleine Würfel schneiden. Die Zwiebel schälen, halbieren und in feine Würfel schneiden.

2 Die Chorizo in I cm breite Scheiben schneiden und in einer Pfanne mit I EL Olivenöl bei mittlerer Hitze 3—4 Minuten auslassen. Die Chorizoscheiben mit dem Öl über die Kartoffeln geben.

3 Paprika und Zwiebel zu den Kartoffeln geben. Mit Essig, Ajvar und restlichem Olivenöl marinieren, mit Salz und Pfeffer würzen. Den Kartoffelsalat mit grob gehackter Rauke bestreuen und servieren.

Blutwurst »französische Art« mit Kartoffelfüllung und Apfelspalten

»Einfach in der Zubereitung, außergewöhnlich im Geschmack!«

Zutaten

350 g Kartoffeln (vorwiegend festkochend)
Salz
Pfeffer
Muskatnuss, frisch gerieben
1 EL gehackter Majoran
1 Blutwurst (ca. 200 g)
100 g Butterschmalz
2 Äpfel (z.B. Cox Orange)
1 TL Zucker
1 EL Butter
1 Spritzer Zitronensaft

1. Die Kartoffeln schälen und mit der Gemüsereibe fein raspeln. Die Kartoffelraspel auf ein Küchenhandtuch geben und fest ausdrücken, dabei das stärkehaltige Wasser auffangen. Das Wasser 5 Minuten stehen lassen, bis sich die Stärke abgesetzt hat. Das Wasser abgießen, die Kartoffeln zugeben und mit Salz, Pfeffer, Muskat und Majoran würzen.

2. Von der Blutwurst die Pelle abziehen. **Tipp:** Die Wurst vorher befeuchten oder kurz in kaltes Wasser legen! Blutwurst einmal quer und dann der Länge nach halbieren. Die Kartoffelmasse gleichmäßig auf allen Seiten verteilen und fest andrücken. In einer Pfanne mit Butterschmalz bei mittlerer Hitze 4—5 Minuten von jeder Seite goldbraun anbraten, herausnehmen und auf Küchenpapier abtropfen lassen.

3. Die Äpfel schälen, vierteln, das Kerngehäuse entfernen und die Äpfel in grobe Spalten schneiden. Das Butterschmalz aus der Pfanne gießen und 1 EL Butter und Zucker in die Pfanne geben. Die Apfelschnitze darin 2—3 Minuten braten, mit einem Spritzer Zitronensaft beträufeln und herausnehmen. Die Apfelschnitze mit der Blutwurst servieren.

Variante für den Extra-Kick: Die Apfelspalten mit 2 cl Calvados oder weißem Portwein ablöschen!

236 KARTOFFELN Kartoffelpüree – Give Me Five

»Rezepte für Kartoffelpüree gibt es wie Sand am Meer – hier ein ultimatives Grundrezept und fünf leckere Varianten.«

Zutaten
500 g Kartoffeln (mehligkochend, z. B. Adretta, Aula oder Irmgard)
Salz
250 ml Milch
Muskatnuss, frisch gerieben
2 EL Butter

1 Die Kartoffeln schälen, klein schneiden und in einem Topf mit Salzwasser 20 Minuten weich kochen. Das Wasser abgießen und die Kartoffeln kurz ausdampfen lassen.

2 Die Milch in einem Topf erwärmen, mit Salz und Muskatnuss würzen. Kartoffeln mit Milch und Butter mit dem Kartoffelstampfer fein zerstampfen und servieren.

Variante: Zitronenpüree
Kartoffeln mit 1 Lorbeerblatt (siehe oben, Punkt 1) zubereiten. Das Lorbeerblatt entfernen. Die Milch mit Salz und Muskat leicht erwärmen. Kartoffeln, Milch und abgeriebene Schale von 1/2 Zitrone fein zerstampfen. 1 TL gehackten Thymian, 50 g Ziegenkäse und 1 EL Olivenöl unter das Püree rühren.

Variante: Auberginenpüree
2 Auberginen (ca. 800 g) auf einem Backblech im vorgeheizten Ofen bei 200 °C (Umluft 180 °C) 30 Minuten garen, dabei öfter wenden. Kartoffeln (siehe oben, Punkt 1) zubereiten. 100 ml Milch mit 1 TL gehacktem Thymian und 1/2 TL gehacktem Rosmarin leicht erwärmen. Kartoffeln, geschälte Auberginen und Milch mischen und fein zerstampfen. 4 EL Olivenöl und 1 EL Kapern unterrühren.

Variante: Knoblauchpüree
Kartoffeln (siehe oben, Punkt 1) zubereiten. 4 Knoblauchzehen schälen, halbieren und mit 1 Zweig Rosmarin in der Milch weich kochen. Rosmarin entfernen. Kartoffeln, Milch und Knoblauch fein zerstampfen, mit Salz, Muskat und Butter abschmecken.

Variante: Olivenpüree
Kartoffeln (siehe oben, Punkt 1) zubereiten. Milch mit Salz, Muskat und 1 Thymianzweig erwärmen. Thymian entfernen. Kartoffeln, Milch und Schale von 1/2 Zitrone fein zerstampfen. 2 EL gehackte schwarze Oliven unterrühren.

Variante: Kartoffelpüree mit Ajvar und Sardellenfilets
Püree nach Grundrezept (siehe oben, Punkt 1) zubereiten. Die Milch mit Salz und Muskatnuss leicht erwärmen. Kartoffeln und Milch fein zerstampfen. 2 EL Ajvar und 1 EL Butter unter das Püree rühren und mit 1 EL gehackter Petersilie bestreuen.

REIS & PASTA

Nudeln machen glücklich, heißt es. Ich glaube, es ist weniger das Essen als das Kochen. Denn nirgendwo sonst in der Küche funktioniert das Minimum-Maximum-Prinzip besser als beim Pastamachen: mit möglichst geringem Aufwand den größtmöglichen Erfolg ernten. Und wo wir schon in Italien sind, machen wir Risotto zu Ihrem Trumpf im Ärmel.

Italienisch für alle

WIR KÖNNEN UNS VOR ALLEM BEI DEN ITALIENERN BEDANKEN. DENN SIE HABEN UNS AUF DIE NUDEL GEBRACHT UND SIND GANZ WEIT VORN, WAS SCHLICHTHEIT UND RAFFINESSE IN DER KÜCHE ANGEHT. DESHALB SIND NUDELN MITTLERWEILE MEHR ALS NUR DAS LIEBLINGSESSEN ALLER KINDER.

Wir reißen uns um neue Varianten, die aus dem mediterranen Raum kommen. Kaum etwas lässt sich so vielseitig zubereiten wie Nudeln. Mit Saucen, überbacken, vegetarisch, mit Fleisch oder Meeresfrüchten. Und selbst wenn der Kühlschrank leer ist, eine Dose Tomaten, Thunfisch, Kräuter, Sahne oder Butter und Käse findet man immer – und schon hat man ein leckeres Essen auf dem Teller. Wie konnten wir Jahrhunderte überleben ohne Nudeln? Sie sind unser bester Freund: Sie sind einfach da, warten, bis sie gebraucht werden, und sind mit allem zufrieden.

Nudeln

RUND 180 NUDELSORTEN KENNT MAN IN ITALIEN. Und auch den Deutschen kommen mittlerweile Vokabeln wie Farfalle, Tagliatelle, Ravioli und Tortellini mühelos über die Lippen. Die klassische italienische Nudel besteht aus Hartweizengrieß und Wasser, einige Nudelarten enthalten auch Ei. Farbe bringen Spinat, Tomatenpüree, Rote Beete, Kräuter, Safran und Tinte ins Spiel. Deutsche Nudeln, etwa Spätzle, Knöpfle und Maultaschen, kommen grundsätzlich nicht ohne Ei aus.

Vollkornnudeln enthalten zwar bedingt durch das Vollkornmehl mehr Vitamine und Mineralstoffe als ihre blassen Verwandten, haben aber auch mehr Eigengeschmack. Wer sich nicht an Vollkornnudeln gewöhnen mag, kann sein Gewissen sicherlich beruhigen, indem er andere Vollkornprodukte kauft und bei den Nudeln auf die klassische Variante schwört.

Die Chinesen sind zwar nicht gerade für ihren Spaghetti-Konsum bekannt, steuern mit Reisnudeln (aus Reismehl) und Glasnudeln (aus Mungobohnenstärke) aber ebenfalls etwas zur großen Auswahl bei.

Eine Diva wartet nicht

OB HAUSGEMACHT ODER AUS DER TÜTE IST BEI NUDELN NICHT NUR EINE FRAGE DES GESCHMACKS, SONDERN AUCH DER BEQUEMLICHKEIT. Ganz ohne Frage ist selbst gemachte Pasta sehr viel leckerer als industriell gefertigte. Wichtig sind hochwertige Zutaten – und mindestens eine Stunde Zeit. Denn der Teig muss extrem gut durchgeknetet werden und hinterher ruhen, ehe er hauchdünn ausgerollt wird. Also ran ans Nudelholz, das gibt Muskeln! Warmduscher können auch eine Nudelmaschine benutzen.

Hausgemachte frische Pasta kommt nur kurz in kochendes Wasser, während gekaufte Produkte etwa zehn Minuten brauchen, um bissfest zu sein. Für beide Arten gilt: Nudeln brauchen Platz, um nicht zu verkleben. Für 100 Gramm rohe Nudeln rechnet man einen Liter Wasser. Und bloß nicht auf die Idee kommen, Nudeln vorzukochen und mit der Sauce wieder zu erwärmen! Eine Nudel ist wie eine Diva: gewohnt, dass man auf sie wartet, und gar nicht amüsiert, wenn man sie mit kaltem Wasser überschüttet. Deshalb die Pasta nur abgießen und sofort servieren. »Abgeschreckt« werden Nudeln nur, wenn sie nicht sofort verzehrt, sondern beispielsweise für Nudelsalat verwendet werden sollen.

Reis

REIS IST ZWAR EIGENTLICH EIN ASIATISCHES GUT, ABER AUCH HIER HABEN DIE ITALIENER IHREN STEMPEL DRAUFGESETZT. Aus Italien kommt ein eher untypisches, aber extrem leckeres Reisgericht: das Risotto. Die Körner werden zu einem sämigen Brei gekocht, haben aber noch Biss.

Fast der gesamte Reis, der weltweit verzehrt wird, stammt aus Asien, insbesondere aus China, Indien und Südostasien. Nur ein Zehntel kommt aus anderen Anbaugebieten, etwa den USA oder der italienischen Poebene. Kein Wunder, dass die Asiaten mit einem Verzehr von 150 Kilogramm pro Person und Jahr ganz weit vorne liegen – und das, obwohl sie ihren Reis mühsam mit Stäbchen balancieren müssen! In Amerika dagegen liegt der Pro-Kopf-Verbrauch bei elf Kilogramm, Deutschland weit abgeschlagen unter drei Kilogramm – trotz Omas Milchreis mit Zimt und Zucker. Das wird sich aber spätestens nach diesem Kapitel ändern ...

Aufs Korn genommen

Wie bei allen anderen Getreidearten gilt auch beim Reis: Vollkorn ist am gesündesten. Beim Naturreis ist das Korn noch von der Silberhaut umschlossen, die viele Vitamine, Mineral- und Ballaststoffe enthält. Werden Silberhaut und Keim entfernt, erhält man den Weißreis, der weniger gehaltvoll ist. Eine gute Alternative für Fans von weißem Reis ist Parboiled Reis. Bei diesem Verfahren werden Vitamine und Mineralstoffe aus der Silberhaut gelöst und in den Reiskern gepresst. So erhält man weißen und dennoch gesunden Reis.

Für viele Gerichte verwendet man bei uns Langkornreis. Er ist locker und körnig und bleibt auch nach dem Kochen fest. Rundkornreis dagegen wird für Süßspeisen und Risotto (bevorzugt die Sorte Arborio) verwendet, da er sich mit den anderen Zutaten verbindet. Klebreis wird überwiegend für asiatische Gerichte verwendet. Aber Achtung: Klebreis darf nur gedämpft, nicht gekocht werden, sonst eignet er sich höchstens noch als Tapetenkleister.

Reis ist wasserscheu

Langkornreis will nicht schwimmen! In zu viel Wasser fühlt er sich verloren. Optimal ist etwa das Verhältnis 2:1, also zwei Tassen Wasser auf eine Tasse Reis. So kann der Reis quellen und das Wasser aufnehmen, ohne dass die wertvollen Inhaltsstoffe ausgeschwemmt und mit dem Kochwasser weggeschüttet werden.

Je nach Güte wird der Reis nach dem Kochen körniger oder klebriger sein. Entscheidend dafür ist die Beimischung von Bruchreis: Spitzen- oder Premium-Qualität darf höchstens fünf Prozent Bruchreis enthalten, Standard-Qualität 15 Prozent. Reis in Haushalts-Qualität – bis zu 25 Prozent Bruchreis – wird eine klebrige Angelegenheit, denn der Bruchreis setzt beim Kochen Stärke frei, die zum Verkleben führt.

Rundkornreis dagegen braucht mehr Flüssigkeit, um nicht anzubrennen: Je länger der Milchreis auf der Flamme steht, umso kräftiger muss er gerührt werden. Dazu jetzt der geheimste aller Geheimtipps: Milchreis gehört ins Bett! Nur kurz mit Milch, Zucker und Salz aufkochen, Deckel auf den Topf, das Ganze in ein Handtuch einschlagen und ab unter die Daunendecke. Nach einer Stunde ist der Reis perfekt – vollkommen ohne Stress.

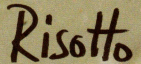

Risotto

REIS & PASTA

»Das köstlich duftende, wunderbar saftige Risotto ist nichts für Leute, die nur auf lockere, körnige Reisgerichte stehen.«

Zutaten
- 1 Zwiebel
- 750 ml Gemüsebrühe
- 4 EL Olivenöl
- 240 g Risottoreis
- 200 ml Weißwein
- Salz
- Pfeffer
- 1 Lorbeerblatt
- 100 g geriebener Parmesan
- 1 EL Butter

1. Die Zwiebel schälen, halbieren und in feine Würfel schneiden. Die Brühe in einem Topf erhitzen.
2. Die Zwiebelwürfel in einem Topf mit 3 EL Olivenöl kurz anschwitzen, den Reis zugeben und 2–3 Minuten glasig dünsten. Mit Weißwein ablöschen und kurz aufkochen. Mit der Hälfte der Brühe aufgießen und mit Salz, Pfeffer und Lorbeerblatt würzen. **Tipp:** Für ein perfektes Risotto muss die Brühe heiß sein, damit der Garprozess nicht unterbrochen wird. Das Risotto darf nicht zu trocken sein, es soll fließen!
3. Das Risotto bei geringer Hitze 15–20 Minuten köcheln lassen, dabei nach und nach mit der restlichen Brühe auffüllen. **Tipp:** Jetzt probieren, der Reis sollte noch etwas Biss haben!
4. Parmesan und Butter unterrühren, bis der Reis sämig wird. Mit Salz und Pfeffer abschmecken.

Tipp: Wenn Sie die Arbeitschritte bis Buchstabe »h« erledigt haben, liegt die Pflicht hinter Ihnen und Sie können sich um die Kür kümmern. Dann sind Ihrer Phantasie keine Grenzen gesetzt. Hier machen wir ein Kräuterrisotto (Rezept Seite 244). Risotto ist aber besonders vielseitig und schmeckt vegetarisch, mit Fisch oder Fleisch. Probieren Sie es mal mit Garnelen oder Meeresfrüchten. Extrem lecker ist Risotto mit Steinpilzen (getrocknet sind sie besonders aromatisch), Erbsen, Trüffel, Spargel, Kürbis variieren, wie Sie mögen. Spannend sind auch fruchtig-würzige Kombinationen wie Birne oder Blaubeere mit Gorgonzola.

Stracciatella-Risotto

250 g Risottoreis · 100 g weiße Schokolade · 1 EL Butter · Schale und Saft von 1 Orange · 100 ml weißer Portwein · 700 ml Milch · 1/2 Chilischote · 75 ml Sahne · 1 TL gehackter Rosmarin · 30 g grob gehackte schwarze Oliven · 1 Spritzer Zitronensaft

1 Den Reis in einem Sieb waschen und abtropfen lassen. Die Schokolade fein hacken.

2 Butter in einem Topf zerlassen, Orangenschale und Risottoreis 2—3 Minuten darin anschwitzen und mit Portwein und Orangensaft ablöschen.

3 Mit 400 ml Milch aufgießen, die Chilischote zugeben und zugedeckt bei geringer Hitze 35 Minuten köcheln lassen. Nach und nach die restliche Milch zugießen und öfter umrühren. Die Schokolade zugeben und so lange rühren, bis sie restlos geschmolzen ist.

4 Die Sahne leicht anschlagen, mit Rosmarin und den gehackten Oliven unter das Risotto mischen und mit einem Spritzer Zitronensaft verfeinern.

Grünes Kräuter-Risotto

250 g Risottoreis · 1 Zwiebel · 3 EL Olivenöl · · 200 ml Weißwein 750 ml Gemüsebrühe · Salz · Pfeffer · 1 Lorbeerblatt · 100 g geriebener Parmesan · 1 EL Butter · 4 EL gehackte gemischte Kräuter (Basilikum, Petersilie, Estragon, Kerbel)

1 Den Reis in einem Sieb waschen und abtropfen lassen. Die Zwiebel schälen, halbieren und in feine Würfel schneiden. In einem Topf mit dem Olivenöl leicht anschwitzen, den Reis zugeben und weitere 2—3 Minuten anschwitzen. Mit Weißwein ablöschen und kurz aufkochen. Mit der Hälfte der Brühe aufgießen und mit Salz, Pfeffer und Lorbeerblatt würzen.

2 Das Risotto bei geringer Hitze 15—20 Minuten köcheln lassen, dabei nach und nach mit der restlichen Brühe auffüllen. Parmesan und Butter unterrühren, bis der Reis sämig wird. Zum Schluss die gehackten Kräuter untermischen.

Paella-Risotto

1 Zwiebel · 250 g Risottoreis · 2 Kaninchenkeulen (ca. 600 g) · Salz
Pfeffer · 1 EL Mehl · 3 EL Olivenöl · 500 g Miesmuscheln · 50 g getrocknete Tomaten · 2 EL gehackte schwarze Oliven · 150 g TK-Erbsen
1 TL Paprikapulver edelsüß · 100 ml Weißwein · 1 l Gemüsebrühe
50 g geriebener Parmesan · 1 TL Zitronensaft · 2 EL gehackte Petersilie

1. Die Zwiebel schälen, halbieren und in kleine Würfel schneiden. Den Reis in einem Sieb waschen und abtropfen lassen. Die Kaninchenkeulen mit Salz und Pfeffer würzen und mit Mehl bestäuben.
2. Die Keulen in einer Pfanne mit Olivenöl 10 Minuten bei mittlerer Hitze goldbraun anbraten. Den Reis zugeben und weitere 3—4 Minuten knusprig anrösten. Die Zwiebeln zugeben und kurz andünsten.
3. Muscheln, getrocknete Tomaten, Oliven, Erbsen, Salz, Pfeffer und Paprikapulver zugeben, mit Wein ablöschen und kurz aufkochen. Mit der Hälfte der Brühe auffüllen und 20 Minuten köcheln lassen. Die restliche Brühe nach und nach zugießen, dabei mehrmals rühren. Den Parmesan unterrühren, mit Zitronensaft abschmecken und mit Petersilie bestreuen.

Roquefort-Blaubeer-Risotto

300 g Risottoreis · 1 Zwiebel · 1 EL Butter · 150 ml Weißwein
600 ml Brühe (Instant) · 100 g Roquefort · 200 g frische Blaubeeren
50 g geröstete Pinienkerne · 1 EL gehackte Minze

1. Die Zwiebel schälen, halbieren und in feine Würfel schneiden. Den Reis in einem Sieb waschen und abtropfen lassen.
2. Zwiebelwürfel in einem Topf mit der Butter 2—3 Minuten anschwitzen, den Reis zugeben und glasig dünsten. Mit Weißwein ablöschen und mit der Hälfte der Brühe auffüllen. Bei geringer Hitze 35 Minuten zugedeckt köcheln lassen. Mit der restlichen Brühe nach und nach aufgießen, dabei mehrmals umrühren!
3. Den Topf vom Herd nehmen, Roquefort zugeben und so lange rühren, bis er sich ganz aufgelöst hat und das Risotto sämig wird.
4. Die Blaubeeren unter das Risotto mischen, mit Pinienkernen und Minze bestreuen und servieren.

Frische Vongole in Estragon-Sahnesauce

REIS & PASTA 247

»Mein Italiener um die Ecke sagt nur: ›Buenissima‹! «

Zutaten

- 2 kg frische Vongole (Venusmuscheln)
- 2 Knoblauchzehen
- 4 EL Olivenöl
- 1 Lorbeerblatt
- 250 ml Weißwein
- 200 ml Sahne
- Salz
- Pfeffer
- 300 g Spaghetti
- 2 EL gehackter Estragon

1 Die Vongole gut waschen, geöffnete Muscheln wegwerfen. Die Knoblauchzehen schälen und klein schneiden.

2 Die Vongole in einem Topf mit Olivenöl 7—8 Minuten kräftig anbraten, bis sie sich geöffnet haben. Knoblauch und Lorbeerblatt zugeben, mit Weißwein und Sahne aufgießen. Mit wenig Salz und Pfeffer würzen. Kurz aufkochen und warmstellen.

3 Die Spaghetti in einem Topf mit kochendem Salzwasser bissfest kochen, abgießen und mit den Vongole mischen. Mit Estragon bestreuen und servieren.

Variante: Vongole wie oben vorbereiten und in einem Topf kräftig anbraten, bis sie sich geöffnet haben. 2 fein gehackte Knoblauchzehen, 2 geschälte, klein gewürfelte Tomaten und 1 Lorbeerblatt zu den Muscheln geben. Mit 250 ml Weißwein aufgießen und einmal kurz aufkochen. Mit wenig Salz und Pfeffer würzen, mit den gekochten Spaghetti mischen und mit 2 EL gehacktem Estragon bestreuen.

Produktinfo: Die Vongole oder Venusmuscheln sind weltweit in allen Küstengewässern beheimatet und leben meist in und auf sandigem Untergrund. Sie werden hauptsächlich in der italienischen, spanischen und portugiesischen Küche verarbeitet. Venusmuscheln sind wie alle Muscheln große Eiweiß-, Vitamin- und Mineralstofflieferanten.

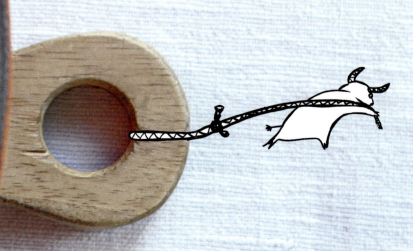

Papardelle-Nudeln, selbst gemacht

»... mit einem schmackhaften Ragout aus allerlei Fleischsorten.«

Zutaten

3 Eier
1 EL Olivenöl
Salz
frisch geriebene Muskatnuss
250 g Mehl
50 g Hartweizengrieß

Fleischragout

je 250 g Schweine-, Rind- und Lammfleisch
250 g Wildfleisch (Hirsch, Reh oder Wildschwein)
1 Entenkeule (ohne Haut und Knochen)
1 Knoblauchzehe
2 Zwiebeln
150 g Champignons
Abrieb von 1 Zitrone
Salz
Pfeffer
Mehl zum Bestäuben
2 EL Butterschmalz
1 EL Tomatenmark
500 ml Rotwein
300 ml Brühe
1 Lorbeerblatt
2 EL gemischte und gehackte Kräuter (Rosmarin, Thymian, Basilikum)

1 Die Eier mit Olivenöl, Salz und Muskat in einer Schüssel mischen. Mehl und Hartweizengrieß dazugeben und zu einem geschmeidigen Teig verarbeiten. **Tipp:** Den Teig von Hand oder in der Küchenmaschine mit dem Knethaken verarbeiten. Den Teig zu einer Kugel formen und zugedeckt im Kühlschrank mindestens 1 Stunde ruhen lassen.

2 Den Teig auf einer bemehlten Arbeitsfläche 2–3 mm dünn ausrollen und mit dem Teigrad oder einem Messer in 1 cm breite Streifen schneiden. **Tipp:** Den Nudelteig mehrmals wenden und mit Mehl bestäuben, damit er nicht klebt!

3 Die Papardelle in einem großen Topf mit stark gesalzenem, kochendem Wasser 3 Minuten kochen, abgießen und in einem Sieb abtropfen lassen.

Fleischragout

1 Das Fleisch in grobe Stücke schneiden. Die Knoblauchzehe schälen und fein hacken. Die Zwiebeln schälen, halbieren und in grobe Würfel schneiden. Die Champignons putzen und vierteln.

2 Knoblauch und Zitronenabrieb kräftig in das Fleisch einmassieren. Mit Salz und Pfeffer würzen und mit Mehl bestäuben.

3 Butterschmalz in einem Schmortopf stark erhitzen und das Fleisch in 2 Portionen 4–5 Minuten kräftig anbraten. Die Fleischstücke herausnehmen und warm stellen.

4 Die Zwiebeln glasig anschwitzen, die Champignons zugeben und 3–4 Minuten anbraten. Das Tomatenmark zugeben und kurz anrösten. Mit Rotwein ablöschen, kurz aufkochen und mit der Brühe aufgießen.

5 Das Fleisch wieder in den Schmortopf legen, Lorbeerblatt zugeben und zugedeckt bei geringer Hitze 90 Minuten köcheln lassen. 10 Minuten vor Garzeitende die gemischten Kräuter zugeben, abschmecken und ohne Deckel fertig garen.

6 Die Fleischstücke mit einer Gabel zerdrücken, die Papardelle in das Ragout geben und servieren.

 Variante: Zum Schluss 2 EL geschlagene Sahne unter das Ragout heben.

Makkaroni mit Hackbällchen aus dem Ofen

250 REIS & PASTA

»Eine einfache Sauce mit einer langen Geschichte aus Legenden und Erzählungen!«

Zutaten

1 Zwiebel
1 Knoblauchzehe
500 g gemischtes Hackfleisch
2 Eier
2—3 EL Semmelbrösel
3 EL Sahne
Salz
Pfeffer
2 EL Olivenöl
1 Dose Pizzatomaten (425 g)
150 ml Brühe
1 Lorbeerblatt
1 Prise Zucker
150 g TK-Erbsen
300 g Makkaroni

1 Zwiebel und Knoblauchzehe schälen, halbieren und klein schneiden.
2 Hackfleisch, Eier, Semmelbrösel und Sahne mischen und mit Salz und Pfeffer würzen. Die Hackmasse mit feuchten Händen zu kleinen Kugeln von 2—3 cm Durchmesser formen.
3 Die Hackbällchen in einer Pfanne mit Olivenöl rundherum braun anbraten, herausnehmen und in eine Auflaufform geben.
4 Zwiebel und Knoblauch in der Pfanne in dem Öl glasig anschwitzen, die Pizzatomaten zugeben und mit der Brühe aufgießen. Mit Lorbeerblatt, Salz, Pfeffer und Zucker würzen und kurz aufkochen.
5 Die Tomatensauce über die Hackbällchen gießen, die Erbsen zugeben und im vorgeheizten Ofen bei 180 °C (Umluft 160 °C) 25 Minuten garen.
6 In der Zwischenzeit die Makkaroni in einem großen Topf mit kochendem Salzwasser 6—7 Minuten bissfest kochen, abgießen und auf einer Platte anrichten.
7 Die Hackbällchen aus dem Ofen nehmen, mit der Sauce über die Makkaroni verteilen und heiß servieren.

Variante: Statt der Erbsen können gekochte Maiskörner (1 Dose) und 1 klein geschnittene Paprikaschote in der Tomatensauce gegart werden. Wer es pikant liebt, mischt noch eine fein gehackte Chilischote unter.

Nudeln mit gebackenen Tomaten

1 kg vollreife Strauchtomaten (ca. 10 Stück) · 1—2 EL Zucker · Salz
Pfeffer · 1/2 TL geriebene Zitronenschale · 1 EL gehackter Thymian
5 EL Olivenöl · 300 g große Muschelnudeln · 1 Bund Rauke, grob
gehackt · 1 EL gehacktes Basilikum

1. Den Stielansatz der Tomaten herausschneiden, die Tomaten quer halbieren und mit der Schnittseite nach unten auf ein mit Zucker bestreutes Backblech legen.
2. Die Tomaten im vorgeheizten Ofen auf Grillstufe 4–5 Minuten grillen. **Tipp:** Keine Panik, die Haut wird etwas dunkel. Herausnehmen und den Ofen auf 180 °C (Umluft 160 °C) stellen. Die Tomaten häuten. Mit Salz, Pfeffer, Zitronenschale, Thymian und Olivenöl mischen und weitere 10 Minuten im Ofen schmoren.
3. Die Nudeln in einem großen Topf in kochendem Salzwasser nach Packungsangabe bissfest kochen, das Wasser abgießen und die Nudeln in einem Sieb abtropfen lassen.
4. Die Tomaten aus dem Ofen nehmen und die Nudeln unterheben. Mit Rauke und Basilikum bestreuen und heiß servieren.

Spaghetti mit Garnelen

500 g geschälte Garnelenschwänze · 1 Zwiebel · 1 Knoblauchzehe
2 rote und 1 gelbe Paprikaschote · 4 EL Olivenöl · 1 EL grüne Oliven ohne
Stein · 1 Lorbeerblatt · 1 Thymianzweig · 2 EL Weißwein · 300 ml Brühe
Salz · Pfeffer aus der Mühle · 300 g Spaghetti · 1 EL gehackte Petersilie

1. Die Garnelen auftauen, auf Küchenpapier abtropfen lassen und der Länge nach halbieren. Zwiebel und Knoblauch schälen und in feine Würfel schneiden. Paprikaschoten halbieren, putzen und in Streifen schneiden.
2. Zwiebel und Knoblauch in einem Topf mit 2 EL Öl glasig dünsten. Paprika, Oliven, Lorbeer und Thymian zugeben und 3—4 Minuten rösten. Mit Wein ablöschen und einmal aufkochen. Mit Brühe aufgießen, würzen und so lange schmoren, bis die Paprika weich sind.
3. Die Spaghetti in einem großen Topf in kochendem Salzwasser 10 Minuten bissfest kochen.
4. Die Garnelen in einer Pfanne mit dem restlichen Öl 3–4 Minuten kräftig anbraten, mit Salz und Pfeffer würzen.
5. Die Spaghetti in ein Sieb gießen, abtropfen lassen und auf vier Teller verteilen. Das Paprikacouli zugeben, mit den Garnelen anrichten und mit der Petersilie bestreuen.

Tortiglioni »Italienische Art«

250 g rohe, dünn geschnittene Schweinebauchscheiben · 2 Sardellenfilets · 50 g getrocknete Tomaten · 2 Toastbrotscheiben · 4 EL gehackte Kräuter (Salbei, Basilikum, Thymian, Petersilie) · 2 EL Semola (Maisgrieß) · 250 g Tortiglioni · Salz · 2 EL Olivenöl · 50 g Butter · 1 EL Kapern · 1 EL Zitronensaft · 1 Bund Rucola, grob geschnitten · Pfeffer

1. Den Schweinebauch in 3 cm große Würfel schneiden, Sardellenfilets und getrocknete Tomaten klein schneiden.
2. Das Toastbrot grob würfeln, mit den gehackten Kräutern im Mixer pürieren und mit Semola vermischen.
3. Die Nudeln in einem Topf mit stark gesalzenem, kochendem Wasser 6–7 Minuten bissfest kochen, abgießen, aber nicht abspülen.
4. Die Bauchspeckwürfel in einer Pfanne mit Olivenöl 4–5 Minuten kross anbraten, herausnehmen und warm stellen.
5. Die Butter in der Pfanne erhitzen, die Kräuterbrösel dazugeben und mit den Nudeln 2–3 Minuten anbraten, dabei mehrmals schwenken. Bauchspeck, getrocknete Tomaten, Sardellenfilets, Kapern, Zitronensaft und Rucola zugeben und mit wenig Salz und Pfeffer würzen.

Farfalle-Nudelsalat mit Rucola

300 g Farfalle · Salz · 2 EL Pinienkerne · 2 EL Pistazien · 2 EL Walnüsse · 2 EL Haselnüsse · 3 EL Zitronensaft · 2 EL Joghurt · Pfeffer · 1 Msp Cayennepfeffer · Zucker · 4 EL Olivenöl · 2 EL Walnussöl · 1 Bund Rucola, in mundgerechte Stücke geschnitten

1. Farfalle in einem großen Topf in kochendem Salzwasser 6–7 Minuten bissfest kochen, abgießen und etwas ausdämpfen lassen.
2. Pinienkerne, Pistazien, Walnüsse und Haselnüsse in einer Pfanne ohne Öl leicht rösten und grob hacken.
3. Zitronensaft, Joghurt, Salz, Pfeffer, Cayennepfeffer und Zucker mit Olivenöl und Walnussöl in einer Schüssel zu einer Marinade verrühren. Farfalle, Rucola und geröstete Nüsse zugeben und gut mischen.

Tipp: Am liebsten esse ich dazu ein halbes Hähnchen vom Grill und ein leckeres Stück Fladenbrot!

BROT & KUCHEN

Ein guter Koch ist nicht gleichzeitig ein perfekter Bäcker oder Konditor. Von einem Bäcker wird schließlich auch nicht erwartet, dass er ein Fünf-Gänge-Menü genauso gut zaubert wie ein saftiges Brot oder einen lockeren Kuchen. Deshalb zeige ich in diesem Kapitel »Mut zur Lücke« und schaue meinem Kumpel Max, der Weltmeister im Backen ist, über die Schulter.

Bäckers Bestes

FRISCHES BROT IST EINE DER KÖSTLICHSTEN VERFÜHRUNGEN AUS DEM BACKOFEN. DER DUFT, DER DURCH DIE RÄUME STRÖMT, MACHT GANZ NERVÖS. MAN KANN ES KAUM ABWARTEN, DAS BROT AUS DEM OFEN ZU HOLEN, ES ANZUSCHNEIDEN UND NOCH WARM DICK MIT BUTTER ZU BESTREICHEN. DANN IN DIE KNUSPRIGE KRUSTE BEISSEN – SO EINFACH IST GUTER GESCHMACK.

Und auch bei Kuchen und Torten sind die schlichtesten Varianten oft die besten: Pflaumenkuchen vom Blech an einem Sommertag im Garten, Apfelstrudel mit Blick auf die Berge, lockerer Marmorkuchen, der Erinnerungen an Omas gemütliche Küche weckt – alles mit relativ geringem Zeitaufwand und wenigen (aber guten!) Zutaten gezaubert.

Kleine Warenkunde: Das Mehl macht den Unterschied

Wir Deutschen sind echte Brot-Junkies. Nirgendwo sonst gibt es so viele Brotsorten wie in Deutschland. Ein Glück, denn so ist selbst Brotbacken ein extrem kreatives Unterfangen. Und ein gesundes dazu, wenn man Vollkornmehl verwendet. Denn Vollkornmehl enthält deutlich mehr Eiweiß, Mineralstoffe, Vitamine und Ballaststoffe als die weiße Variante.

Auch bei Kuchen und Torten wird immer mehr mit Vollkornmehl experimentiert, um der süßen Sünde wenigstens einen Gesundheitsfaktor zu verleihen. Das ist allerdings Geschmackssache, denn sie schmecken dann eher kräftig, nicht so fein und sind etwas trockener.

Wichtig für alle Bäcker ist der Ausmahlungsgrad vom Mehl: Steht auf der Mehltüte Type 405, handelt es sich um das bevorzugte Haushaltsmehl aus Weizen, das gute Backeigenschaften hat, aber am wenigsten Mineralstoffe von allen Mehlsorten liefert. Die Typenzahl bezeichnet nämlich den Mineralstoffgehalt in Gramm pro 100 Kilogramm wasserfreiem Mehl.

Zum Kuchenbacken wird meist Weizenmehl bevorzugt. Es ist mild und der Teig wird lockerer als mit Roggenmehl. Eine Alternative dazu ist Dinkelmehl. Es ist weniger allergen und schmeckt schön nussig. Für Brote werden meistens Weizen und Roggen gemischt, und je nachdem wie hoch der Roggenanteil ist, sind sie heller oder dunkler. Aber auch Hirse, Hafer, Buchweizen oder Reis werden gemahlen in Broten verbacken. Kommen dann auch noch Körner hinzu, wird das Ganze eine echt bissfeste Angelegenheit.

Gerührt, nicht geschüttelt

So vielfältig die Backwaren, so unterschiedlich ist der Teig, der sie in Szene setzt.

RÜHRTEIG. Die Zutaten werden tatsächlich einfach zusammengerührt. Um eine lockere Konsistenz zu bekommen, ist es wichtig, zuerst weiche Butter und Zucker schaumig zu schlagen, dann die Eier nach und nach dazuzugeben. Erst dann werden die übrigen Zutaten mit vermengt. Die Verarbeitungszeit sollte nicht länger als etwa zwei Minuten sein, sonst wird der Teig zu luftig, und der Kuchen fällt zusammen.

HEFETEIG begegnen viele mit Respekt. Dabei ist der klassische Hefewürfel quadratisch, praktisch, gutmütig. Woher also kommt die Angst, ein Hefeteig könnte nicht gelingen? Entscheidend ist, dass man die Arbeitsschritte einhält: einen Vorteig herstellen, gehen lassen, kneten und noch mal gehen lassen. Fertig! Am besten entwickelt sich der Hefeteig, wenn man ihn mit einem Tuch abdeckt und so vor Zugluft schützt. Bis etwa 40 °C fühlt sich die Hefe richtig wohl, heißer allerdings mag sie es nicht. Zu lange warten lassen sollte man sie ebenfalls nicht: Irgendwann fällt der Teig wieder zusammen, also möglichst genau an die Rezeptangaben halten. Für Angsthasen und Blitzbäcker gibt es immer noch Trockenhefe aus der Tüte. Die wird einfach mit dem Mehl gemischt und dann der Teig zusammengerührt. Damit Hefeteig gelingt, ist es wichtig, dass alle Zutaten Zimmertemperatur haben – also Butter und Milch kurz erwärmen. Da die Hefekulturen durch Zucker aktiviert werden, wird immer eine Prise Zucker direkt zur Hefe gegeben. Hefeteig muss mindestens zweimal gehen. Formt man aus dem Teig kleine Gebäckstücke, lässt man diese noch einmal gehen, ehe man sie in den Ofen schiebt. »Viel hilft viel« gilt bei Hefe nicht: Ein halber Würfel auf ein Kilogramm Mehl genügt, sonst dominiert der hefige Geschmack.

MÜRBETEIG ist ein Klassiker sowohl für süßes als auch für deftiges Gebäck. Im Gegensatz zum Hefeteig verarbeitet man kalte Butter und stellt den Teig nach dem Kneten noch einmal kalt, damit er nicht klebt. Mürbeteig ist ein Handschmeichler: Nur per Hand geknetet wird er wirklich geschmeidig, gegen Mixer wehrt er sich erfolgreich. Mürbeteig blind zu backen heißt nicht, dass man ihn mit verbundenen Augen kneten muss. Blind backen bedeutet, den Teig in der Springform mit Pergamentpapier abzudecken und darauf getrocknete Hülsenfrüchte (Erbsen, Bohnen, Linsen) zu verteilen. Nach dem Backen werden Papier und Hülsenfrüchte heruntergenommen, der Teig kann jetzt mit flüssigen Zutaten weiter gebacken werden – etwa für eine Quiche –, ohne durchzuweichen.

BISKUIT ist ein Teig für Pingelige! Diesen Teig zuzubereiten ist eine kleine Wissenschaft: Mehl und Eigelbmasse dürfen nur ganz vorsichtig unter den Eischnee gehoben werden, weil sonst der luftig-leichte Charakter verloren geht. Entscheidend ist, dass Eiweiß und Eigelb perfekt getrennt werden, um einen wirklich festen Eischnee zu erhalten. Die einzelnen Zutaten werden nicht mit einem Mixer vermengt, sondern am besten mit einem Holzlöffel mit Loch in der Mitte. Häufig wird ein Biskuitboden geteilt und in mehreren Schichten belegt. Den Tortenboden dafür nicht mit dem Messer durchschneiden, sondern ein Stück Zwirn durchziehen.

STRUDELTEIG ist ein Teig für geduldige Menschen. Er muss hauchdünn ausgerollt und gezogen werden – nicht jedermanns Sache. Wenn Sie die Wut packt, weil's nicht klappt, lassen Sie Ihren Aggressionen freien Lauf: Werfen Sie den Strudelteig mit viel Schwung wieder auf die Arbeitsplatte. Er mag das und dankt es mit einer glatten, glänzenden Oberfläche.

BRANDTEIG. Hier ist Schnelligkeit gefragt, denn die Zutaten werden zunächst in einem Topf aufgekocht und verrührt. Diesen Arbeitsschritt nennt man »Abbrennen«. Damit daraus kein Anbrennen wird, muss sehr fix gearbeitet werden. Wenn zum Backen etwas Wasser auf den Ofenboden gegossen wird, lässt der entstehende Dampf den Teig besser aufgehen.

Liebesgeschichten hören in Filmen immer vor der Hochzeit auf, Backrezepte immer vor dem Lösen aus der Backform. Warum? Weil beides im Fiasko enden kann! Zumindest für das Zweite gibt's handfeste Tipps:
Der Teig wird nicht sofort nach dem Backen aus der Form genommen, sondern zunächst nur behutsam mit einem Messer vom Rand gelöst. Dann lässt man den Kuchen oder Tortenboden abkühlen, dabei zieht er sich zusammen und löst sich lauwarm besser aus der Form.
Gebackenes steht nicht auf Saunabesuche! Es mag nicht aus dem heißen Backofen sofort ins Kalte geschickt werden. Deshalb lässt man Kuchen, Tortenböden oder Brot am besten im offenen Backofen langsam abkühlen. Sie rächen sich sonst, indem sie zusammenfallen.

258 BROT & KUCHEN
Goldbraune Brombeer-Buchteln

»Die süßen Hefeknödel mit den säuerlichen Früchten sollte man einfach probiert haben. Zur Krönung gibt's dazu eine Kugel Vanilleeis.«

Zutaten

400 g Mehl
21 g frische Hefe
160 ml lauwarme Milch
180 g Butter
2 Eier (Kl. M)
1 TL abgeriebene Orangenschale
1 EL Zucker
1 Prise Salz
250 g frische Brombeeren
2 EL Beerenkonfitüre
1 EL Honig
Puderzucker zum Bestäuben
Butter und Zucker für die Form

1. Mehl, Hefe, lauwarme Milch, 100 g Butter, Eier, Orangenschale, Zucker und eine Prise Salz in einer Rührschüssel mischen und mit dem Knethaken des Handrührgeräts ca. 5 Minuten zu einem glatten, glänzenden Teig verkneten. Zugedeckt an einem warmen Ort gehen lassen, bis sich der Teig sichtbar vergrößert hat.

2. Brombeeren waschen und auf Küchenpapier abtropfen lassen. Mit der Konfitüre mischen.

3. Den Teig auf einer bemehlten Arbeitsfläche mit den Händen durchkneten, zu einer Rolle formen und in 12 bis 16 gleich große Teile schneiden. Jedes Teigstück einzeln zu einem Bällchen formen und nicht zu dicht nebeneinander in eine gebutterte und gezuckerte Auflaufform geben.

4. Die Brombeeren in die freien Zwischenräume verteilen und den Teig nochmals 15 Minuten gehen lassen.

5. Die restliche Butter mit dem Honig in einem Topf schmelzen und die Teigkugeln damit bestreichen. Im vorgeheizten Ofen bei 180 °C (Umluft 160 °C) 30 bis 35 Minuten goldbraun backen. Die Buchteln mit Puderzucker bestäuben und warm servieren.

Tipp: Mit Vanilleeis servieren!

Produktinfo: Die ursprünglich aus der böhmischen Küche stammenden Buchteln sind vor allem in Bayern und Österreich als gefüllte oder ungefüllte Hefekugeln bekannt und beliebt. Sie werden mit Vanillesauce oder Pflaumenmus gegessen, aber auch ungesüßt zu Sauerkraut.

Pfirsich-Ricotta-Kuchen mit Crumbles

»Frisch, fruchtig und herrlich knusprig – ein echtes Sommervergnügen!«

Zutaten

- 2 Platten TK-Blätterteig
- 30 g kalte Butter
- 30 g brauner Zucker
- 50 g Mehl
- 1 Prise Salz
- 150 g Ricotta
- 1 EL Ahornsirup
- abgeriebene Schale von 1/2 Zitrone
- 2 Pfirsiche (ca. 300 g)
- 1/2 TL Puderzucker
- 2 EL Aprikosenmarmelade

1 Den Blätterteig auf einer bemehlten Arbeitsfläche auftauen lassen. Für die Crumbles (Streusel) die Butter in kleine Würfel schneiden und in eine Schüssel geben. Mit braunem Zucker, Mehl und einer Prise Salz verreiben, bis kleine Streusel entstehen.

2 Den Ricotta mit dem Ahornsirup und dem Zitronenabrieb in einer Schüssel mischen und glatt rühren. Die Pfirsiche halbieren, entsteinen und in dünne Spalten schneiden.

3 Aus den Blätterteig-Platten je zwei Kreise mit einem Durchmesser von 8 cm ausstechen und auf ein mit Backpapier ausgelegtes Backblech legen. Mit einer Gabel mehrmals einstechen und mit dem Puderzucker bestreuen. Im vorgeheizten Ofen auf Grillstufe 3–4 Minuten vorbacken, herausnehmen und den Ofen auf 200 °C (Umluft 180 °C) stellen.

4 Den Ricotta auf dem Blätterteig verteilen, mit jeweils 3–4 Pfirsichspalten belegen und die Streusel darüberbröseln. Im Ofen weitere 20–25 Minuten backen, herausnehmen und mit Aprikosenmarmelade bestreichen.

Die fruchtige Beerenschecke

»Ob zum Kaffee oder als Dessert – zu jeder Jahreszeit eine süße Versuchung ...«

Zutaten

Teig
200 g Mehl
2 TL Backpulver
50 g Zucker
1 TL abgeriebene Zitronenschale
5 EL Milch
5 EL neutrales Speiseöl
125 g Magerquark

Füllung
300 g TK-Beerenmischung
1 EL Speisestärke
150 g Schmand
75 g Zucker
3 Eier
100 ml Milch
Puderzucker zum Bestreuen
Mehl zum Bearbeiten

1. Für den Teig Mehl, Backpulver, Zucker und Zitronenschale in einer Schüssel mischen. Milch, Öl und Quark zugeben und mit den Knethaken des Handrührers zu einem geschmeidigen Teig verarbeiten.
2. Den Teig auf einer bemehlten Arbeitsfläche kreisförmig (28 cm Durchmesser) ausrollen und in eine gebutterte, mit Mehl bestäubte Tarteform (24 cm Durchmesser) legen. Den Teig über den Rand hochziehen.
3. Die Beerenmischung leicht antauen lassen und mit der Speisestärke mischen.
4. Den Schmand mit dem Zucker, den Eiern und der Milch glatt rühren und in die Tarteform gießen. Die Beeren gleichmäßig auf der Füllung verteilen.
5. Die Schecke im vorgeheizten Ofen bei 180 °C (Umluft nicht empfehlenswert) 30 Minuten backen, die Hitze auf 150 °C reduzieren und weitere 25–30 Minuten garen.

Tipp: Machen Sie eine Probe mit einem Holzspieß: Die Schecke ist fertig, wenn die Creme nicht mehr daran haften bleibt. Aus dem Ofen nehmen, noch warm mit Puderzucker bestäuben und servieren.

Produktinfo: Schecke ist die ursprüngliche Bezeichnung für den klar umgrenzten weißen Bereich in einem Tierfell.

Gefüllte Eclairs mit Schokoladenmousse

»Ich finde, dieser französische Klassiker sollte nicht in Vergessenheit geraten!«

Zutaten

Mousse
200 g dunkle Schokolade (70 % Kakao)
50 g Milch
2 Eigelb
2 Eiweiß
1 Prise Salz
20 g Zucker
250 g geschlagene Sahne

Eclairs
240 ml Milch
120 g Butter
1 Prise Salz
180 g Mehl
260 g Ei (ca. 4 Eier Gr. L)

1 Für die Schokoladenmousse die dunkle Schokolade grob hacken und im heißen Wasserbad langsam schmelzen. Die Milch in einem Topf aufkochen lassen. Das Eigelb in die heiße, aber nicht mehr kochende Milch rühren und die Schokolade zugeben.

2 Die Eiweiße mit 1 Prise Salz in einer Schüssel mit dem Handrührgerät leicht anschlagen, den Zucker nach und nach einrieseln lassen und steif schlagen.

3 Das Eiweiß unter die warme Schokolade rühren und zum Schluss die Sahne vorsichtig unterheben. Die Mousse abdecken und mindestens 2 Stunden kalt stellen.

4 Für die Eclairs die Milch mit Butter und 1 Prise Salz aufkochen lassen. Das Mehl sieben und auf einmal in den Topf schütten. Mit einem Schneebesen glattrühren, danach die Masse im Topf mit einem Holzlöffel etwa 1 bis 2 Minuten ständig rühren, bis sich ein Klumpen formt und am Topfboden ein weißer Belag entsteht. **Tipp: Diesen Vorgang nennt man Abbrennen!**

5 Den Teigklumpen in eine Schüssel geben, dann mit dem Handrührgerät nach und nach die verquirlten Eier unterrühren. Den Brandteig in einen Spritzbeutel mit 10er-Lochtülle füllen und auf ein Backblech mit Backpapier ca. 30 walnussgroße Klekse aufspritzen.

6 Im vorgeheizten Ofen bei 200 °C (Umluft 180 °C) 20 Minuten backen, herausnehmen und abkühlen lassen.

7 Die Eclairs der Länge nach halbieren und mit der Schokomousse füllen.

Variante: Hierzu passen sehr gut marinierte Erdbeeren, Himbeeren, Pfirsiche oder andere Früchte.

Knuspriges Walnussbrot

»Wenn ich zu Hause dieses Brot backe, duftet die ganze Etage.«

Zutaten
21 g frische Hefe
20 g Honig
250 g Weizenmehl (Type 550)
250 g Weizenmehl (Type 1050)
50 g Olivenöl
1—2 TL Meersalz
150 g gehackte Walnüsse
50 g Frühstücksspeck in Scheiben

1. Hefe und Honig mit 450 ml lauwarmem Wasser verrühren, bis sich die Hefe auflöst. Die beiden Mehlsorten, die aufgelöste Hefe, das Olivenöl, das Meersalz und die Walnüsse in einer Küchenmaschine mischen und zu einem geschmeidigen Teig verarbeiten. Den Teig zugedeckt an einem warmen Ort 40 Minuten gehen lassen.
2. Den Teig auf einer bemehlten Arbeitsfläche mit den Händen kräftig kneten und zu einer länglichen Rolle formen. Speckscheiben halbieren. Die Teigrolle mehrmals mit kleinen Schnitten einschneiden und jeweils ein Stück Speck in die Öffnung hineinschieben.
3. Den Teig auf ein mit Backpapier belegtes Backblech legen und noch einmal 15 Minuten gehen lassen. Im vorgeheizten Ofen bei 220 °C 40—50 Minuten backen, das fertige Brot herausnehmen und auf einem Kuchengitter auskühlen lassen.

Variante: Die Walnüsse können durch Pecannüsse ersetzt werden – oder Sie verwenden eine Nussmischung.

Bananenananasbrot

»Dieser Duft ist sensationell, also unbedingt probieren!«

Zutaten

- 250 g Ananas (Fruchtfleisch)
- 4 große, reife Bananen
- 350 g Zucker
- 200 g Mehl
- 150 g Speisestärke
- 100 g gemahlene Haselnüsse
- 6 TL Backpulver
- 2 TL Zimt
- 1 Msp Kardamompulver
- 4 Eier
- 4 EL Fruchtsaft
- 170 ml Sonnenblumenöl

1. Ananas in Stücke schneiden. Die Bananen schälen und in grobe Stücke teilen. Die Früchte und den Zucker in einer Schüssel mischen und mit dem Stabmixer fein pürieren.

2. Mehl, Speisestärke, Nüsse, Backpulver, Zimt und Kardamom in das Fruchtpüree geben und gut unterrühren. Zuerst die Eier, dann den Fruchtsaft und zuletzt das Sonnenblumenöl einrühren.

3. Den Teig in eine gebutterte und mit Mehl bestäubte Backform füllen und im vorgeheizten Ofen auf mittlerer Schiene bei 180 °C (Umluft 160 °C) 40 Minuten backen. Das fertig gebackene Brot herausnehmen und auf einem Kuchengitter auskühlen lassen.

Frischgebackenes Kartoffelbrot

»Ein sehr aromatisches Brot, das durch die Kartoffel extrem lange schön saftig bleibt.«

Zutaten

500 g festkochende Kartoffeln
125 ml Milch
21 g frische Hefe
1 1/2 TL Zucker
250 g Mehl (Type 550)
1 Ei
1/2 TL Salz
1 TL Fenchelsaat
1 TL Koriandersaat
1 EL Olivenöl
70 g fein gewürfelter Speck

1. Die Kartoffeln schälen und mit einer Gemüsereibe grob raspeln. Die Milch in einem Topf lauwarm erwärmen, Hefe und Zucker darin auflösen und die Kartoffeln zugeben.
2. Mehl, Ei, Salz, Fenchelsaat, Koriandersaat und Olivenöl mit der Kartoffelmilch mischen und mit den Knethaken eines Handrührgeräts oder einer Küchenmaschine zu einem homogenen Brotteig verarbeiten. Den gewürfelten Speck zugeben und unterkneten.
3. Den Teig zugedeckt an einem warmen Ort 30 Minuten gehen lassen, bis sich das Volumen sichtbar vergrößert hat.
4. Den Teig auf ein gebuttertes und mit Mehl bestäubtes, tiefes Backblech füllen, weitere 15 Minuten gehen lassen und im vorgeheizten Ofen bei 230 °C (Umluft 200 °C) 10 Minuten vorbacken. Die Temperatur auf 180 °C (Umluft 160 °C) herunterstellen und in weiteren 40 Minuten fertig backen. Das Brot aus dem Ofen nehmen und abkühlen lassen.

Variante: Es können verschiedene Kräuter wie Schnittlauch, Thymian oder Rosmarin unter den Teig geknetet werden. Wer es lieber vegetarisch mag, lässt den Speck einfach weg.

Corn Bread – das goldgelbe Maisbrot

»Ein idealer Begleiter zu jeder Sauce, zu Chili oder als köstlich duftender Snack für zwischendurch.«

Zutaten

- 1 Paprika
- 50 g getrocknete Tomaten
- 1 Dose Maiskörner (300 g)
- 200 g Weizenmehl (Type 405)
- 200 g Maismehl
- 30 g Backpulver
- 10 g Salz
- 15 g Zucker
- 60 g Butter
- 4 Eier
- 500 ml Buttermilch
- 50 g grob gehackte Pinienkerne
- 50 g grob gehackte Pistazien
- 1 EL gehackter Rosmarin

1. Die Paprika halbieren, den Strunk entfernen und die Paprika in kleine Würfel schneiden. Getrocknete Tomaten klein schneiden. Die Maiskörner in ein Sieb geben, abwaschen und abtropfen lassen.
2. Weizenmehl, Maismehl, Backpulver, Salz und Zucker in einer Küchenmaschine oder mit dem Handrührgerät mischen. Die Butter zerlassen, mit den Eiern und der Buttermilch glatt rühren.
3. Die Eiermischung in das Mehl gießen und zu einem geschmeidigen Teig verarbeiten. Paprika, Mais, Tomaten, Pinienkerne, Pistazien und Rosmarin unter den Teig kneten.
4. Den Teig in eine eingefettete und mit Mehl bestäubte Backform füllen und im vorgeheizten Ofen auf mittlerer Schiene bei 180 °C 40 bis 50 Minuten goldgelb backen.
5. Zum Schluss das Maisbrot aus dem Ofen nehmen, aus der Backform stürzen und auf einem Gitter auskühlen lassen.

Tipp: Maisbrot in Scheiben schneiden, mit Olivenöl beträufeln und angrillen!

Variante: Eine schnelle Variante ist das Blueberry-Cornbread mit Heidelbeeren: Einfach 1 EL Zucker mehr in den Teig geben und nur 100 g TK-Heidelbeeren ohne weitere Zutaten untermischen.

Gebackene Focaccia mit Antipasti

BROT & KUCHEN **275**

»... so gut wie beim Italiener!«

Zutaten

Teig

21 g frische Hefe

200 ml lauwarmes Wasser

1 Prise Zucker

400 g Weizenmehl

125 g Ricotta

1 TL Salz

50 ml Olivenöl

Kräuteröl

1 Knoblauchzehe

1 Chilischote

50 ml Olivenöl

1 TL gehackter Rosmarin

1 Die Hefe mit 200 ml lauwarmem Wasser und dem Zucker in einer Schüssel auflösen. Mit Mehl, Ricotta, Salz und Olivenöl mischen und mit den Knethaken eines Handrührgeräts zu einem geschmeidigen Teig verarbeiten. Den Teig mit einem feuchten Tuch abdecken und an einem warmen Ort 30 Minuten sichtbar gehen lassen.

2 Den Knoblauch schälen und halbieren. Die Chilischote in Stücke schneiden. In einem hohen Gefäß Olivenöl, Knoblauch, Chili und Rosmarin mit einem Stabmixer fein pürieren.

3 Den Teig auf einer bemehlten Arbeitsfläche auf ca. 30 x 40 cm ausrollen und auf ein gebuttertes und mit Mehl bestäubtes Backblech legen. Das Kräuteröl gleichmäßig auf den Teig streichen, verschiedene Antipasti wie zum Beispiel gegrillte Auberginen, getrocknete Tomaten und Zucchini darauf verteilen und weitere 10 Minuten ruhen lassen.

4 Die Focaccia im vorgeheizten Ofen bei 220 °C (Umluft nicht empfehlenswert) für 20 Minuten backen, herausnehmen, in Stücke schneiden und lauwarm servieren.

Variante: Antipasti mit Ziegenkäse oder in Kombination mit Kräutern auf der Focaccia verteilen.

Mango-Avocado-Pizza

»Ein toller, ungewöhnlicher Snack, der auch Vegetarier überzeugt.«

Zutaten

Teig
1 Tasse Milch (150 ml)
1 Tasse Erdnussöl (150 ml)
1 Tasse Wasser (150 ml)
1 EL Butterschmalz
1 Prise Salz
600 g Mehl

Kräuterguss
1 Chilischote
2 EL gehacktes Basilikum
2 EL gehackte Zitronenmelisse
2 EL gehackter Koriander
1 EL Limettensaft
1 EL Olivenöl
75 g saure Sahne

Belag
1 Mango (ca. 350 g)
2 Avocados
1–2 Büffelmozzarella
grobes Meersalz
Pfeffer

2 EL Olivenöl zum Bestreichen des Teigs

1. Für den Teig Milch, Erdnussöl, Wasser, Schmalz, Salz und Mehl in der Küchenmaschine mischen und zu einem geschmeidigen Teig verarbeiten. In einer Schüssel zugedeckt 30 Minuten ruhen lassen.
2. Für den Kräuterguss die Chilischote halbieren und klein schneiden, in einem hohen Gefäß mit Basilikum, Zitronenmelisse, Koriander, Limettensaft, Olivenöl und saurer Sahne mischen und mit dem Stabmixer fein pürieren.
3. Die Mango schälen, mit einem Messer das Fruchtfleisch vom Stein trennen und in Spalten schneiden. Die Avocado schälen, halbieren, den Stein entfernen und das Fruchtfleisch ebenfalls in grobe Spalten schneiden. Den Mozzarella in Scheiben schneiden.
4. Den Teig auf einer bemehlten Arbeitsfläche dünn ausrollen und auf ein eingefettetes, mit Mehl bestäubtes Backblech legen. Den Teigboden mit Olivenöl bestreichen und mit den Mango- und Avocadospalten gleichmäßig belegen. Den Kräuterguss darübergießen, Mozzarellascheiben darauf verteilen und mit Meersalz und Pfeffer würzen.
5. Im vorgeheizten Ofen bei 220 °C auf Unterhitze (Umluft nicht empfehlenswert) 40 Minuten backen, 5 Minuten auf Grillstufe stellen und gratinieren. Die Pizza herausnehmen, in Stücke schneiden und genießen!

Produktinfo: Mittlerweile gibt es über 1000 verschiedene Mangosorten. Diese tropische, aromatische Frucht ist sehr druckempfindlich und hat den richtigen Reifegrad erreicht, wenn sie duftet und auf Druck leicht nachgibt. In Asien werden die unreifen Früchte auch als Gemüse gegessen. Die höchste Qualitätsstufe erzielt die Flugmango. Sie wird vollreif vom Baum geerntet und mit dem Flugzeug weltweit befördert.

Knusprig gebackenes Trauben-Fladenbrot

»Mit einem Stück von diesem köstlichen Fladenbrot und einem Glas Weißwein habe ich schon manche tolle Abende erlebt.«

Zutaten

- 42 g Hefe
- 80 g Zucker
- 500 g Mehl
- 7 g Salz
- 1 Ei
- 1 EL abgeriebene Zitronenschale
- 80 g Butter
- 50 ml Malzbier
- 1 kg kernlose Trauben
- 100 g brauner Zucker
- 150 g weiche Butter

1 Hefe, Zucker und 200 ml lauwarmes Wasser in einer Schüssel glatt rühren. Mehl, Salz, Ei, Zitronenabrieb, Butter und Malzbier zugeben und alles mit den Knethaken des Handrührgeräts zu einem geschmeidigen Teig verarbeiten. Den Teig mit einem feuchten Tuch abdecken und an einem warmen Ort 45 Minuten sichtbar gehen lassen.

2 Den Teig auf einer bemehlten Arbeitsfläche in zwei gleich große Teile portionieren, kräftig durchkneten und weitere 10 Minuten ruhen lassen.

3 Die Trauben halbieren und mit Zucker und der restlichen Butter vermengen. Beide Teighälften kreisförmig etwa 1/2 cm dick ausrollen und eine Hälfte gleichmäßig mit den Trauben belegen. Mit der zweiten Teighälfte bedecken und die Ränder fest andrücken. Mit einer Gabel mehrmals einstechen, damit der Wasserdampf entweichen kann.

4 Das Fladenbrot auf ein Backblech mit Backpapier legen und im vorgeheizten Ofen bei 190 °C (Umluft 170 °C) 20 Minuten goldbraun backen.

5 Das fertige Fladenbrot aus dem Ofen nehmen, etwas abkühlen lassen und servieren.

Variante: Natürlich kann dieses leckere Fladenbrot auch mit anderen Obstsorten zubereitet werden, zum Beispiel mit Mirabellen oder Kirschen, bestreut mit etwas Zimt.

SCHOKOLADE

Klar hab ich schon mal mit einer Schokomousse versucht, ein Mädel rumzukriegen. Es bleibt aber mein Geheimnis, ob es geklappt hat. Auf jeden Fall ist es eine lustvolle Angelegenheit, mit Schokolade zu kochen und zu backen. Einen Trick verrate ich Ihnen: Das Wichtigste ist dabei, nicht zu viel zu naschen. Sonst bleibt ja nicht genug zum Verführen.

282 SCHOKOLADE

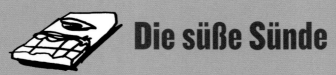

Die süße Sünde

FRÜHER, WENN OMA ZU BESUCH KAM, SCHENKTE SIE UNS EINE TAFEL SCHOKOLADE UND ZWEI MARK. UND DIE SCHOKOLADE WAR UNS WICHTIGER ALS DAS GELD! DAS KNACKEN, WENN DIE TAFEL IN EINZELNE RIEGEL ZERBRACH, DAS RASCHELN DER ALUFOLIE, SCHLIESSLICH DER ERSTE, LUSTVOLLE GENUSS – EIN STÜCK KINDHEIT. ERST SPÄTER KAM EINE GEWISSE EROTIK DAZU. EROTIK, DIE SICH MÄNNER GERNE ZUNUTZE MACHEN, WENN SIE EIN MÄDEL RUMKRIEGEN WOLLEN. ES FUNKTIONIERT TATSÄCHLICH!

Weil auch Kochen eine sinnliche Angelegenheit ist, gehört Schokolade zwingend in die Küche. Schon die Mayas und Azteken wussten heiße Schokolade zu schätzen. Bei uns galt Kakao als Getränk, das man eher an die Schweine verfütterte, als es selber zu trinken. Erst die Beimischung von Zucker verhalf der Schokolade zum Durchbruch.

Kleine Warenkunde: Die süßen und die scharfen Typen

Ob aus der Kakaobohne Schokolade oder Kakaopulver wird, entscheidet sich bei der industriellen Zubereitung: In der »Schokoladenfabrik« werden die Bohnen geröstet und zermahlen. Durch die Reibung entstehen hohe Temperaturen, durch die hohen Temperaturen entsteht die Kakaomasse. Wird aus dieser Masse die Kakaobutter herausgepresst, gibt's Kakaopulver, mit Kakaobutter und Zucker gibt's Schokolade. So einfach kann man das erklären!

Erst die Weiterverarbeitung macht daraus den Genuss – oder eine eher sandig-süße Angelegenheit (DDR-Schokolade schmeckte angeblich so!). Die »Conche« macht den Unterschied. In den Conchen, muschelförmigen Behältern, wird die Schokolade so lange gerieben und bewegt, bis sie den unverwechselbaren zarten Schmelz erhält.

Der Kakaoanteil ist dafür verantwortlich, ob Schokolade süß oder bitter schmeckt. Herbe Schokolade etwa enthält mindestens 60 Prozent Kakao. Weiße Schokolade enthält überhaupt keinen Kakao, dafür aber viel Kakaobutter, Milch und Zucker. Milchschokolade enthält knapp 30 Prozent Kakao. Für welche Schokoladensorte Sie sich entscheiden, ist davon abhängig, ob Sie ein süßer, knackiger Typ sind (Milchschokolade mit Nüssen) oder ziemlich scharf (Bitterschokolade mit Chili) …

Schokolade als Gewürz

Schokolade gehört zur süßen Küche – ob Nachspeisen, Torten oder Pralinen – untrennbar dazu. Um Süßes mit einem Hauch von Schokolade zu überziehen, eignet sich allerdings Kuvertüre weitaus besser als Tafelschokolade, da sie mehr Kakaobutter enthält. Kakaobutter sorgt beim Schmelzen dafür, dass die Schokolade flüssiger und damit besser zu verarbeiten ist. Außerdem entsteht nur durch Kuvertüre die typische glänzende Oberfläche.

Kuvertüre wird im Wasserbad auf möglichst exakt 32 °C erwärmt. Dann wird etwa die Hälfte der Masse abgekühlt, kurz vor dem Festwerden (»Anziehen«) wieder zur warmen Kuvertüre gegeben und noch einmal erwärmt. So erhält man den glänzenden, knackigen Überzug. Hände weg von Blockschokolade als Kuvertüre-Ersatz: Sie ist eine ganz einfache Schokolade mit hohem Zuckeranteil (50 bis 60 Prozent), die sich überhaupt nicht zum Überziehen eignet.

Während es bei süßen Speisen ruhig ein bisschen mehr sein darf, wird Schokolade bei herzhaften Gerichten – etwa in der Sauce zum Fleisch – nur mit viel Fingerspitzengefühl eingesetzt. Schließlich ist das Tier schon tot und muss nicht noch von Schokolade erschlagen werden. Hier dosiert man die Schokolade so sensibel wie ein Gewürz. Oft reicht es, nur wenig Bitterschokolade in eine Sauce zu reiben, um den ganz besonderen Effekt zu erreichen. Also lieber erst behutsam ausprobieren und eventuell noch mal nachwürzen.
Eine echte Neuentdeckung ist die Kakaohaut. Die Schale der Kakaobohne kann man gemahlen kaufen und damit vor allem herzhafte Speisen extrem lecker abschmecken.

So gesund ist Schokolade

Der Nährwert der Schokolade ist abhängig von der Sorte: 100 g dunkle Schokolade enthalten 27 g Fett, 54 g Kohlenhydrate, 9 g Ballaststoffe, 6 g Protein, außerdem Kalium, Magnesium, Phosphor, Eisen, Kupfer, Fluor, Jod und Mineralstoffe. Sollten Sie mal wieder die Tafel bis auf den letzten Krümel verputzt haben, können Sie tatsächlich ein schlechtes Gewissen haben: Der Kaloriengehalt von vier Tafeln Milchschokolade deckt den Tagesbedarf eines mittelschwer arbeitenden Menschen!

Köstliche Schoko-Dattel-Torte

SCHOKOLADE 285

»Wenn es keinen Bauch und keine Hüften gäbe, würde man sich nur davon ernähren!«

Zutaten
- 100 g dunkle Schokolade
- 8 Löffelbiskuits
- 175 g gehackte Walnüsse
- 3 EL Kakao
- 2 TL Backpulver
- 6 Eiweiß
- 250 g Zucker
- 175 g entsteinte Datteln

1 Die Schokolade hacken, Löffelbiskuits zerbröseln, mit Nüssen, Kakao und Backpulver vermischen. Eiweiße und Zucker zu steifem Schnee schlagen und nach und nach unterheben.

2 Die Masse in eine mit Backpapier ausgelegte Springform füllen, die Datteln darauf verteilen und im 180 °C heißen Ofen 30 Minuten backen. Herausnehmen, abkühlen lassen und mit Puderzucker bestäuben.

= Alte Mopsbacke

Schoko-Ingwer-Kuchen

»Schokolade und Ingwer ergänzen sich hervorragend und ergeben einen vollmundigen Geschmack.«

Zutaten
150 g Marzipanrohmasse
150 g Eigelb
1/2 TL 5-Gewürze-Pulver
100 g Butter
100 g kandierter Ingwer
250 g Eiweiß (ca. 8 Stück)

1 Prise Salz
200 g Puderzucker
80 g Mehl
80 g Kakaopulver

Glasur
100 g Zartbitter-Schokolade
50 g Sahne

1 Marzipan, Eigelb und 5-Gewürze-Pulver in einer kleinen Schüssel mit dem Stabmixer fein pürieren. Butter und kandierten Ingwer in der Küchenmaschine zu einer feinen Paste verarbeiten.

2 Das Eiweiß mit einer Prise Salz und Puderzucker mit dem Handrührgerät steif schlagen. Mehl und Kakao dazusieben und vorsichtig unterheben.

3 Die Marzipanmasse und die Ingwerbutter glatt rühren und den Eischnee vorsichtig unterheben. Den Teig in eine gebutterte, mit Mehl bestäubte Springform (26 cm Durchmesser) füllen und im vorgeheizten Ofen bei 180 °C 35 Minuten backen. Den Kuchen aus dem Ofen nehmen und abkühlen lassen.

4 Für die Glasur die Schokolade fein hacken. Die Sahne in einem kleinen Topf aufkochen, vom Herd nehmen, die Schokolade zugeben und so lange rühren, bis sie sich aufgelöst hat. Den Kuchen mit der Schokoladenglasur überziehen und fest werden lassen.

Schokoküchlein mit flüssigem Schokotrüffelkern

SCHOKOLADE **289**

»Außen locker und saftig, innen mit einem zarten aromatischen Schmelz. Schmeckt verboten lecker!«

Zutaten

6 weiße Schokoladentrüffel

150 g dunkle Schokolade (70 %)

80 g Butter

3 Eier

1 Eigelb

160 g Zucker

90 g Mehl

Butter und Zucker für die Auflaufförmchen

1 Die Schokoladentrüffel kurz einfrieren. Die Schokolade fein hacken und im Wasserbad langsam auflösen. Die Butter nach und nach in die geschmolzene Schokolade
einrühren.

2 Eier, Eigelb und Zucker in einer Schüssel mischen und mit dem Handrührgerät
5 Minuten schaumig rühren. Die Eiermasse langsam in die Schokolade einrühren.
Das Mehl darüber sieben und unterrühren.

3 Sechs Auflaufförmchen mit Butter ausstreichen, mit Zucker ausstreuen und gut
ausklopfen. Die Förmchen zur Hälfte mit der Masse füllen, jeweils in die Mitte einen
angefrorenen Schokoladentrüffel drücken und mit der restlichen Masse bedecken.

Tipp: Unterschiedliche Geschmacksrichtungen der Trüffel geben den Küchlein
jeweils eine andere Nuance!

4 Im vorgeheizten Ofen bei 180 °C 20—25 Minuten backen, herausnehmen und warm
servieren.

Produktinfo: Schokoladentrüffel sind Pralinen, gefüllt mit einer schnittfesten Trüffelcreme, der Ganache. Sie wird mit unterschiedlichen Produkten wie Sahne, Crème fraîche oder Kuvertüre und Alkohol zubereitet.

Käsekuchen-Brownies mit Blaubeeren

SCHOKOLADE 291

»Die amerikanische Versuchung – etwas aufgepeppt!«

Zutaten

60 g weiche Butter
200 g Zucker
1 Prise Salz
3 Eier
40 g Mehl
6 EL Kakao
50 g grob gehackte Macadamia-
    nüsse
250 g Magerquark
1 TL Speisestärke
200 g frische Blaubeeren
    (ersatzweise TK)

1. Butter, 100 g Zucker und 1 Prise Salz mit dem Handrührgerät 5 Minuten schaumig rühren. 2 Eier nacheinander zugeben und weiterrühren. **Tipp:** Die Eier sollten Zimmertemperatur haben, sonst gerinnt die Buttercreme!
2. Mehl und Kakao in eine Schüssel sieben und unter die Buttercreme mischen. 2 EL der Masse beiseite stellen, die Macadamianüsse unter die restliche Masse mischen.
3. Für die Käsecreme den Quark, 1 Ei, den restlichen Zucker und die Speisestärke mit dem Handrührgerät schaumig rühren. Die Blaubeeren vorsichtig unterheben.
4. Die Nussmasse in eine gebutterte, mit Backpapier ausgelegte Springform geben und glatt streichen. Die Käsecreme darauf verteilen, die restliche Browniemasse in kleinen Klecksen daraufsetzen und mit einer Gabel ein Marmormuster ziehen. Im vorgeheizten Ofen bei 180 °C (Umluft 160 °C) 35–40 Minuten backen. Die Käsekuchen-Brownies herausnehmen, abkühlen lassen und servieren.

Produktinfo: Brownies, ein flacher Schokoladenkuchen, ist in Nordamerika beheimatet und wird meistens in rechteckige Stücke geschnitten. Er ist saftig, manchmal sogar leicht klebrig und hat eine tiefbraune Farbe.

Würziger Schokoladendrink mit »Pfiff«

»Ein kitzelnder Trinkgenuss für Groß und Klein.«

Zutaten

200 g Zartbitter-Schokolade
1 Vanilleschote
1 Chilischote
600 ml Milch
200 ml Sahne
2 Kardamomkapseln
1 EL Zucker

1 Die Schokolade sehr fein hacken. Die Vanilleschote der Länge nach aufschneiden und das Mark mit einem Messer herauskratzen. Die Chilischote halbieren.

2 Milch und Sahne in einem Topf erwärmen. Vanilleschote, Vanillemark, Chilischote, Kardamomkapseln und Zucker zugeben und kurz aufkochen. **Tipp:** Vorsicht, die Milch kocht schnell über!

3 Die Schokolade in die Milch geben und rühren, bis sie geschmolzen ist. Durch ein Sieb gießen und servieren.

Der Schokoladendrink schmeckt warm oder kalt und kann nach Belieben mit geschlagener Sahne oder Milchschaum verfeinert werden.

Tipp: Erwachsene dürfen die Schokolade mit etwas Grand Marnier verfeinern!

Variante: Schneller geht's, wenn man in die Milch-Sahne-Mischung statt der Schokolade 2–3 EL Nuss-Nougat-Creme und 1 TL Kakaopulver rührt.

Verstecktes Schokoladenfondue unter der Blätterteighaube

SCHOKOLADE 295

»Ein superleckerer Spaß für jede Party!«

Zutaten
250 g dunkle Schokolade
150 g Vollmilch-Schokolade
200 ml Kokosmilch
200 ml Sahne
1 Päckchen Vanillezucker
1 Blätterteigrolle (Kühlregal)
Mehl zum Bestäuben
1 Ei, verquirlt

1 Die Schokolade in feine Stücke hacken und im Wasserbad schmelzen lassen.
Tipp: Das Wasser darf nicht kochen, da die Schokolade sonst gerinnt! Anschließend zuerst die kalte Sahne langsam in die Schokolade einrühren, danach die Kokosmilch dazugießen und den Vanillezucker untermischen.

2 Den Blätterteig auf einer bemehlten Arbeitsfläche ca. 0,5 cm hoch ausrollen und einen Kreis ausschneiden, der etwas größer als der verwendete Topf ist.

3 Die Schokoladensauce in einen feuerfesten Topf gießen und den Topfrand mit dem verquirltem Ei einstreichen. Nun mit dem Blätterteig verschließen und die Ränder fest andrücken. Den Teig mit Ei bestreichen und im vorgeheiztem Ofen bei 200 °C (Umluft 180 °C) 15 Minuten backen.

Zum Schluss das Schokoladenfondue aus dem Ofen nehmen, am Tisch die Blätterteighaube öffnen und die Früchte mit einem Spieß in die warme Schokolade eintauchen.

Zum Eintunken eignen sich die unterschiedlichsten Obstsorten wie Trauben, Bananen, Erdbeeren, Ananas, Birnen, aber auch andere Zutaten wie Marshmallows, weiche Kekse oder Trockenobst.

Variante: 200 g dunkle Schokolade mit 100 g Vollmilch-Schokolade fein hacken und im Wasserbad schmelzen. Anschließend 400 ml Sahne langsam in die Schokolade einrühren und mit 1 EL löslichem Espresso und 1 Packung After-Eight-Plättchen mischen. Weiter zubereiten wie oben beschrieben.

296 SCHOKOLADE

Weiße Schokoladenmousse
mit marinierten Erdbeeren

»... für mich immer wieder ein absolutes Highlight!«

Zutaten

400 g weiße Schokolade

400 g Schmand

1 Vanilleschote

600 g Schlagsahne

150 g frische Erdbeeren

1 EL Zitronensaft

1 TL Puderzucker

1 Die Schokolade in feine Stücke schneiden und im Wasserbad langsam schmelzen.
Tipp: Das Wasser darf nicht kochen, sonst wird die Schokolade grießig!
Die Schüssel aus dem Wasserbad nehmen, abkühlen lassen und den Schmand
unter die warme Schokolade mischen. Die Vanilleschote der Länge nach halbieren,
das Mark auskratzen und unterrühren.

2 Die Sahne steif schlagen, 1/3 zur Schokolade geben und glatt rühren. Die restliche
Sahne vorsichtig unterheben. **Tipp:** Bevor die Sahne zugegeben wird, sollte die
Schokolade nur handwarm sein, da die Mousse sonst nicht fest wird!

3 Die Mousse in eine Glasschale füllen und im Kühlschrank mindestens 3 Stunden
kalt stellen.

4 Die Erdbeeren kurz vor dem Servieren mit Zitronensaft und Puderzucker marinieren
und über die weiße Schokoladenmousse verteilen.

Variante: Für eine beschwippste Schokoladenmousse mit dem Schmand 3—4 EL
Eierlikör oder Kirschwasser untermischen.

Das schnellste weiße Schokoladen-Tiramisu

»Schon mit wenigen Handgriffen kommt jeder in diesen Genuss!«

Zutaten

500 g frische Beeren (z. B. Blaubeeren, Erdbeeren, Himbeeren, Brombeeren)
1 EL Zitronensaft
1 EL Puderzucker
400 g weiße Schokolade
12 Löffelbiskuits
1 Tasse Espresso oder Kaffee

1 Die Beeren mit Zitronensaft und Puderzucker in einer Schüssel marinieren und im Gefrierfach 15 Minuten leicht anfrieren lassen.

2 Die Schokolade fein hacken und im Wasserbad mit heißem, aber nicht kochendem Wasser auflösen.

3 Die Löffelbiskuits auf 4 Teller verteilen und mit 1 Tasse heißem Espresso tränken.

Tipp für Erwachsene: Geben Sie einen Schuss Amaretto oder Kaffeelikör in den Kaffee! Mit den marinierten, leicht angetauten Beeren belegen. Die geschmolzene Schokolade vorsichtig darüber gießen.

 Produktinfo: Weiße Schokolade ist eigentlich mehr eine Süßigkeit und keine Schokolade. Bei ihrer Herstellung wird der Kakaomasse das Kakaopulver entzogen. Die so entstehende Kakaobutter wird mit Zucker, Milchbestandteilen und Geschmacksstoffen, zum Beispiel Vanille, verarbeitet.

300 DANKE

Danke

An dieser Stelle bleibt noch Raum und Zeit, um DANKE zu sagen.

DANKE an die vielen Menschen, die an diesem phantastischen Buch mitgewirkt haben: Ich bin stolz auf Euch!!!

DANKE an alle und für alles, was mir in den letzten Jahren an Unterstützung zuteil wurde, auch, bzw. ganz besonders in den Momenten, wo die Küche mal kalt blieb.

Hinter mir liegen viele Momente der Veränderung, und auf diesem Weg haben mich viele alte und wenige neue Freunde begleitet, dafür DANKE.

DANKE für die unglaubliche Kreativität, Tatkraft und Menschlichkeit, die ich mit Euch teilen durfte.

DANKE, dass ihr seid, wie ihr seid: Frank, Tom, Olli, Marlo, Renee, Susan, Gibbo, Nicola, Taddi, Max, Patrick, Jörg, Markus, Lucas, Nik, Haggi, Axel, Johannes, Horst, Milenko, Phillipp, Eric, Babsi, Boris, Jay, Frank, Kay, Bernd, Schädel, Kathrin, Daniel, Tina, Anja, René, Antje, Rainer, Jenny, Chris, Gennaro, Olli, Jorge, Mazze, Maren, Jamie, Johann, Andrea, Diggi, Jan. F und und und …

* Nina darf natürlich hier nicht fehlen, und ich glaube, ich muss niemandem erklären warum: schlicht und einfach – DANKE, DASS ES DICH GIBT!!!

Tschüss, Tim

Register A–Z

A

Ananas-Mandarinenquark-Gratin, fruchtiges 19
Anna-Kartoffeln mit Rotweinzwiebeln 227
Apfel-Majoran-Salat 98
Apfelmarinade 143
Artischocke in Backpapier 42
Asiatisches Dressing 211
Auberginen, überbackene 136
Auberginen-Chutney 217
Auberginenpüree 236
Avocado-Kartoffel-Salat 117

B

Baby-Ananas, würzige, in der Salzkruste 67
Balsamico-Reduktion 205
Bananen-Ananas-Brot 269
Barberie-Entenbrust mit Mandelkruste und
    eingelegtem Kürbis 180
Beerenschecke, fruchtige 262
Blumenkohlsalat 86
Blutwurst »französische Art« mit Kartoffelfüllung
    und Apfelspalten 234
Bohnen-Cassoulet, deftiges weißes 127
Bohnen-Cassoulet, weißes, mit Chorizos 127
Bohnen-Salat, gemischter, mit Tomaten 41
Bratkartoffeln, knusprige Leoner 225
Braune Sauce 203
Brombeer-Buchteln, goldbraune 258
Brombeeren, frische, mit Honig-Mandelschaum 22
Buttermilch-Dressing 208

C

Calamaretti-Bolognese, pikante 103
Champignon-Salsa mit Bacon 213
Corn Bread (Maisbrot) 273
Curry-Muschel-Topf, würziger, mit Würzbrot 97
Currysauce 200

D

Dal-Brot, würziges, mit Avocado-Feta-Salat 64
Dillquark 104
Doradenfilet mit Ziegenkäse gratiniert 101
Dressing, asiatisches 211

E

Eclairs, gefüllte, mit Schokoladenmousse 265
Ente, knusprige gefüllte, mit Kartoffel-Basilikum-
    Püree 179
Erdbeer-Tiramisu, britisches 29

F

Farfalle-Nudelsalat mit Rucola 253
Feigen, gratinierte, mit Picandou 31
Fenchel, geschmorter 43
Fladenbrot 278
Fleischragout 249
Flusskrebse im Schweden-Stil 104
Focaccia, gebackene, mit Antipasti 275
Fondue »Moitié-Moitié«, gemischtes 20
French-Dressing 208
Friséesalat mit Orange, Spargel und Rhabarber 63

G

Gänsekeulen-Confit, marokkanisches 189
Garnelen mit grobem Meersalz gebraten 112
Geflügelbrühe, Grundrezept 182
Geflügelfond, asiatischer 182
Geflügeltopf, brasilianischer 193
Gemüsesalat aus rohen Zucchini und Stangenbohnen 58
Gemüse-Vinaigrette 211
Gewürzkäse »Taleggio«, mit Honig verfeinert 18
Graupenrisotto 143
Greenshell-Muscheln, gratinierte, mit Blattspinat 119
Grundsauce 203

Grüner-Tee-Lassi mit Apfel 18

Gurkendip 154

H

Hackfleisch-Buletten 147

Himbeerdressing 210

Himbeer-Gazpacho, fruchtige, mit Tomaten-Crostini 68

Hirschgulasch mit Steinpilzen und gratinierter
 Polenta 164

Hühnchen, ganzes, mariniert im Beutel 190

Hühnerleber, knusprig gebackene, mit Zucchini 137

Hummer-Fond mit Portwein 183

Hummus 64

Hüttenkäse-Salsa, körnige, mit Lammchops 19

I/J

Ingwersauce 201

Jakobsmuscheln, gebratene, mit Basilikumöl und
 Thaispargel 92

Joghurt-Minze-Dressing 39

K

Kalbsbrust »Black and Powder« 139

Kalbsherz, gebratenes, mit Kapern-Gewürz-Sauce 159

Kalbsleber, gebratene, mit Birnenspalten und Speck 169

Kalbsschnitzel »Wiener Art« 144

Kalbstafelspitz im Sud 163

Kalbszunge, gegrillte, mit Vinaigrette 167

Kartoffelbrot, frischgebackenes 270

Kartoffeln, runzlige, mit Mojo Picon 222

Kartoffeln, würzig gefüllte, aus dem Ofen 230

Kartoffelpüree 179, 236

Kartoffelpüree mit Ajvar und Petersilie 236

Kartoffelsalat mit Essig-Öl-Dressing 232

Kartoffelsalat mit Mayonnaise 232

Kartoffelsalat mit Pesto 233

Kartoffelsalat, spanischer 233

Kartoffelspalten aus dem Ofen 228

Käsekuchen-Brownies mit Blaubeeren 291

Kichererbsenpaste 64

Kichererbsen-Salat 39

Knoblauchpüree 236

Kohlrabi aus der Folie 48

Kokos-Lime-Pie, cremiger 24

Koriander-Würzöl 92

Krabbenrührei, fluffiges, mit Nussbrot 95

Kräuter-Risotto, grüner 244

Kräutersalat 148

Kräutersauce 201

Kürbis, eingelegter 180

Kürbispüree mit Ziegenkäse 43

Kürbis, trocken gerösteter 179

L

Lachsforelle in der Salzkruste 110

Lamm-Burger 154

Lamm-Curry 130

Lammhackbällchen, gefüllt mit Fetakäse und
 Datteln 152

Lammkeule, ausgelöste, mit kleinen weißen Bohnen 170

Lammroulade aus der Keule, gefüllt mit Safran-
 Tomaten 129

Lassi, erfrischendes, mit grünem Apfel und
 Zitronenmelisse 18

Leberpastete, grobe, mit gerösteten Pinienkernen 156

Limetten-Aioli 57

Limettensauce 201

M

Maisbrot 273

Maishuhnbrust, gefüllte, mit Estragon-Ricotta-
 Füllung 176

Maishuhnkeulen am Spieß 195

Makkaroni mit Hackbällchen aus dem Ofen 250

Makrele, gegrillte, mit saftigen Schmorgurken 82
Mandel-Knoblauchsauce 86, 228
Mango-Avocado-Pizza 277
Mangold-Tarte, geschlossene 61
Mayonnaise 228
Mayonnaise-Kümmel-Dressing mit Malzbier 209
Meeresfrüchte-Salat, bunter, mit Blumenkohl 90
Melonen-Gurken-Salsa 212
Milchreis, sämiger, mit Mango und Banane 16
Möhren aus der Folie 48
Mojo-Hühnchen 190
Mojo-Sauce, grüne 222

N

Nudeln mit gebackenen Tomaten 252
Nudeln, selbst gemacht 249

O

Olivenpüree 236
Olivensauce 201
Orangen-Hippen 27
Orangenmarmelade mit Koriander 180

P

Paella-Risotto 245
Panna cotta 15
Papardelle, selbst gemacht 249
Papas arugadas (Kartoffeln aus dem Ofen) 222
Paprika, gefüllte, mit Hackfleisch und Reis 151
Paprika-Salsa 212
Paprikasauce 200
Perlhuhn gefüllt mit Sobrassada 187
Perlhuhn im Ganzen 187
Pestosauce 201
Pfeffer-Gewürzkäse 18
Pfirsich-Ricotta-Kuchen mit Crumbles 260
Pilz-Gnocchi 133

Pilz-Gulasch, gemischtes 55
Pilzragout, geschmortes 53
Pilzrahmsauce 207
Pilzschmarrn mit Schnittlauch-Crème-
    fraîche 53
Pinienkern-Vinaigrette 210
Pizzateig 277
Polenta 164
Polenta-Schnitzel 144
Preiselbeeren, kalt gerührte, mit Ingwer 156
Pulpoeintopf, feuriger, mit Paprika 89
Pulpo »Galizische Art« 88
Pulpo, gegrillter, mit Brotsalat 89
Puy-Linsen, aromatische, mit Morchelrahm 72

Q

Quarkmousse, luftig leckere 27

R

Rauchfond 183
Red Snapper in Papillote 85
Rehkeule im Gewürzmantel, gebratene, mit Pilz-
    Gnocchi 133
Reis Trautmannsdorf 16
Remouladensauce 51
Rhabarber-Kirsch-Chutney 217
Ricotta-Klöße, locker leichte, mit Basilikum 32
Rinderfilet mit Apfelmarinade und Graupenrisotto 143
Rinderfilet mit grünem Spargel 161
Rinderleberspieß, gebratener, vom Lorbeerzweig 136
Rinderrouladen mit frischen Feigen 129
Roquefort-Blaubeer-Risotto 245
Roquefort-Dressing 209
Rotbarbe, gebratene, mit Rote-Linsen-Tandori-
    Salat 107
Rotbarbenfilet in Tempurateig gebacken 86
Rote Bete aus der Folie 49
Rote-Bete-Salat mit Büffelmozzarella 70

Rote-Linsen-Tandori-Salat 107
Rührei mit Räucherfisch 95
Rumtopf, Omas klassischer 214

S

Safranrisotto mit schwarzen Oliven 115
Salat von Radicchio und zerquetschten
 Radieschen 62
Saltimbocca vom Lachs mit duftendem Kartoffel-
 püree 109
Sardinen, marinierte, mit würzigem Apfel-Majoran-
 Salat 98
Schmorgurken 82
Schnittlauch-Quark 167
Schoko-Dattel-Torte, köstliche 285
Schoko-Ingwer-Kuchen 286
Schokoküchlein mit flüssigem Schokotrüffelkern 289
Schokoladendrink mit »Pfiff«, würziger 292
Schokoladenfondue, verstecktes, unter der
 Blätterteighaube 295
Schokoladenmousse 265
Schokoladenmousse, weiße, mit marinierten Erd-
 beeren 296
Schokoladen-Tiramisu, weißes 298
Scholle »Büsumer Art« 80
Scholle »Finkenwerder Art« 80
Scholle, gebraten 80
Scholle »Italian Style« 80
Schwarzwurzeln aus der Folie 49
Schweinebauch, krosser, mit Steckrüben und Birnen 125
Schweinenacken, gefüllter, in Salzteig 141
Sellerie, panierter, mit Remouladensauce 51
Senfsauce 201
Snüsch aus knackigem Frühlingsgemüse, cremiger 46
Sobrassada-Feigen 184
Spaghetti mit Garnelen 252
Spargel, gegrillter grüner 42
Spargel-Morchel-Gemüse 176

Spargel, panierter weißer, mit Limetten-Aioli 57
»Steckerlfisch« von der Makrele 82
Steinpilzsauce 201
Stracciatella-Risotto 244

T

Tandori-Spieße mit Rote-Linsen-Gemüse-Salat 107
Tatar 148
Thunfisch, gegrillter, mit Avocado-Kartoffel-Salat 117
Tims Cordon bleu 145
Tintenfisch, Grundrezept 88
Tomaten-Chutney 216
Tomaten-Crostini 68
Tomatensalat, handgequetschter 63
Tomaten-Sardellen-Salat 145
Tortiglioni »Italienische Art« 253
Trampo-Mallorquine-Salat, erfrischender 45
Trauben-Fladenbrot, knusprig gebackenes 278
Trüffelsauce 201

V

Vichy-Möhren 139
Vongole, frische, in Estragon-Sahnesauce 247

W

Wachteln mit Kräuteröl und Blutwurst-Feigen 184
Waldorf-Salsa 213
Waldpilz-Couscous 133
Walnussbrot, knuspriges 267
Weiße Sauce 200
Wolfsbarsch, gefüllter, mit Kürbis 78

Z

Zander, gebratener, mit Erbsenrisotto 115
Ziegenfrischkäse, gerührter, mit Trockenfrüchten
 und Honig 31
Ziegenkäse-Fondue, schnellstes 20

Ziegenkäserolle, gratinierte, mit Lavendel 30

Ziegenkäsetaler, knusprige 30

Zitronen-Kartoffelpüree 109

Zitronenpüree 236

Zucchinigemüse 137

Zwiebel-Feldsalat, marinierter, mit Mortadella 62

Zwiebel-Lorbeer-Chutney 216

Rezeptregister

Brot und Kuchen

Bananen-Ananas-Brot 269

Beerenschecke, fruchtige 262

Brombeer-Buchteln, goldbraune 258

Corn Bread (Maisbrot) 273

Dal-Brot, würziges 64

Eclairs, gefüllte, mit Schokoladenmousse 265

Fladenbrot 278

Focaccia, gebackene, mit Antipasti 275

Kartoffelbrot, frischgebackenes 270

Maisbrot 273

Mango-Avocado-Pizza 277

Orangen-Hippen 27

Pfirsich-Ricotta-Kuchen mit Crumbles 260

Pizzateig 277

Tomaten-Crostini 68

Trauben-Fladenbrot, knusprig gebackenes 278

Walnussbrot, knuspriges 267

Fisch

Calamaretti-Bolognese, pikante 103

Curry-Muschel-Topf, würziger, mit Würzbrot 97

Doradenfilet mit Ziegenkäse gratiniert 101

Flusskrebse im Schweden-Stil 104

Garnelen mit grobem Meersalz gebraten 112

Greenshell-Muscheln, gratinierte, mit Blattspinat 119

Jakobsmuscheln, gebratene, mit Basilikumöl und Thaispargel 92

Krabbenrührei, fluffiges, mit Nussbrot 95

Lachsforelle in der Salzkruste 110

Makrele, gegrillte, mit saftigen Schmorgurken 82

Meeresfrüchte-Salat, bunter, mit Blumenkohl 90

Pulpoeintopf, feuriger, mit Paprika 89

Pulpo »Galizische Art« 88

Pulpo, gegrillter, mit Brotsalat 89

Red Snapper in Papillote 85

Rotbarbe, gebratene, mit Rote-Linsen-Tandori-Salat 107

Rotbarbenfilet in Tempurateig gebacken 86

Rührei mit Räucherfisch 95

Saltimbocca vom Lachs mit duftendem Kartoffelpüree 109

Sardinen, marinierte, mit würzigem Apfel-Majoran-Salat 98

Scholle »Büsumer Art« 80

Scholle »Finkenwerder Art« 80

Scholle, gebraten 80

Scholle »Italian Style« 80

»Steckerlfisch« von der Makrele 82

Tandori-Spieße mit Rote-Linsen-Gemüse-Salat 107

Thunfisch, gegrillter, mit Avocado-Kartoffel-Salat 117

Tintenfisch, Grundrezept 88

Vongole, frische, in Estragon-Sahnesauce 247

Wolfsbarsch, gefüllter, mit Kürbis 78

Zander, gebratener, mit Erbsenrisotto 115

Fleisch

Bohnen-Cassoulet, deftiges weißes 127

Bohnen-Cassoulet, weißes, mit Chorizos 127

Fleischragout 249

Hackfleisch-Buletten 147

Hirschgulasch mit Steinpilzen und gratinierter
Polenta 164
Hühnerleber, knusprig gebackene, mit Zucchini 137
Kalbsbrust »Black and Powder« 139
Kalbsherz, gebratenes, mit Kapern-Gewürz-
Sauce 159
Kalbsleber, gebratene, mit Birnenspalten und
Speck 169
Kalbsschnitzel »Wiener Art« 144
Kalbstafelspitz im Sud 163
Kalbszunge, gegrillte, mit Vinaigrette 167
Lamm-Burger 154
Lamm-Curry 130
Lammhackbällchen, gefüllt mit Fetakäse und
Datteln 152
Lammkeule, ausgelöste, mit kleinen weißen
Bohnen 170
Lammroulade aus der Keule, gefüllt mit Safran-
Tomaten 129
Leberpastete, grobe, mit gerösteten Pinienkernen 156
Paprika, gefüllte, mit Hackfleisch und Reis 151
Polenta-Schnitzel 144
Rehkeule im Gewürzmantel, gebratene, mit Pilz-
Gnocchi 133
Rinderfilet mit Apfelmarinade und Graupenrisotto 143
Rinderfilet mit grünem Spargel 161
Rinderleberspieß, gebratener, vom Lorbeerzweig 136
Rinderrouladen mit frischen Feigen 129
Schweinebauch, krosser, mit Steckrüben und Birnen 125
Schweinenacken, gefüllter, in Salzteig 141
Tatar 148
Tims Cordon bleu 145

Geflügel

Barberie-Entenbrust mit Mandelkruste und eingelegtem
Kürbis 180
Ente, knusprige gefüllte, mit Kartoffel-Basilikum-
Püree 179

Gänsekeulen-Confit, marokkanisches 189
Geflügeltopf, brasilianischer 193
Hühnchen, ganzes, mariniert im Beutel 190
Maishuhnbrust, gefüllte, mit Estragon-Ricotta-
Füllung 176
Maishuhnkeulen am Spieß 195
Mojo-Hühnchen 190
Perlhuhn gefüllt mit Sobrassada 187
Perlhuhn im Ganzen 187
Wachteln mit Kräuteröl und Blutwurst-Feigen 184

Kartoffeln

Anna-Kartoffeln mit Rotweinzwiebeln 227
Auberginenpüree 236
Avocado-Kartoffel-Salat 117
Blutwurst »französische Art« mit Kartoffelfüllung
und Apfelspalten 234
Bratkartoffeln, Leoner, knusprige 225
Kartoffel-Basilikum-Püree 179
Kartoffeln, runzlige, mit Mojo Picon 222
Kartoffeln, würzig gefüllte, aus dem Ofen 230
Kartoffelpüree 236
Kartoffelpüree mit Ajvar und Petersilie 236
Kartoffelsalat mit Essig-Öl-Dressing 232
Kartoffelsalat mit Mayonnaise 232
Kartoffelsalat mit Pesto 233
Kartoffelsalat, spanischer 233
Kartoffelspalten aus dem Ofen 228
Knoblauchpüree 236
Olivenpüree 236
Papas arugadas (Kartoffeln aus dem Ofen) 222
Zitronen-Kartoffelpüree 109
Zitronenpüree 236

Milchprodukte

Ananas-Mandarinenquark-Gratin, fruchtiges 19
Brombeeren, frische, mit Honig-Mandelschaum 22

Erdbeer-Tiramisu, britisches 29

Feigen, gratinierte, mit Picandou 31

Fondue »Moitié-Moitié«, gemischtes 20

Gewürzkäse »Taleggio«, mit Honig verfeinert 18

Grüner-Tee-Lassi mit Apfel 18

Hüttenkäse-Salsa, körnige, mit Lammchops 19

Kokos-Lime-Pie, cremiger 24

Lassi, erfrischendes, mit grünem Apfel und
   Zitronenmelisse 18

Milchreis, sämiger, mit Mango und Banane 16

Panna cotta 15

Pfeffer-Gewürzkäse 18

Quarkmousse, luftig leckere 27

Reis Trautmannsdorf 16

Ricotta-Klöße, locker leichte, mit Basilikum 32

Ziegenfrischkäse, gerührter, mit Trockenfrüchten
   und Honig 31

Ziegenkäse-Fondue, schnellstes 20

Ziegenkäserolle, gratinierte, mit Lavendel 30

Ziegenkäsetaler, knusprige 30

Reis und Pasta

Erbsenrisotto 115

Farfalle-Nudelsalat mit Rucola 253

Graupenrisotto 143, 243

Kräuter-Risotto, grünes 244

Makkaroni mit Hackbällchen aus dem Ofen 250

Nudeln mit gebackenen Tomaten 252

Nudeln, selbst gemacht 249

Paella-Risotto 245

Papardelle, selbst gemacht 249

Roquefort-Blaubeer-Risotto 245

Safranrisotto mit schwarzen Oliven 115

Spaghetti mit Garnelen 252

Stracciatella-Risotto 244

Tortiglioni »Italienische Art« 253

Vongole, frische, in Estragon-Sahnesauce 247

Salat und Gemüse

Apfel-Majoran-Salat 98

Artischocke in Backpapier 42

Auberginen, überbackene 136

Avocado-Feta-Salat 64

Baby-Ananas, würzige, in der Salzkruste 67

Blumenkohlsalat 86

Bohnen-Salat, gemischter, mit Tomaten 41

Fenchel, geschmorter 43

Friséesalat mit Orange, Spargel und Rhabarber 63

Gemüsesalat aus rohen Zucchini und Stangenbohnen 58

Himbeer-Gazpacho, fruchtige, mit Tomaten-
   Crostini 68

Kichererbsen-Salat 39

Kohlrabi aus der Folie 48

Kräutersalat 148

Kürbis, eingelegter 180

Kürbispüree mit Ziegenkäse 43

Kürbis, trocken gerösteter 179

Mangold-Tarte, geschlossene 61

Meeresfrüchte-Salat, bunter, mit Blumenkohl 90

Möhren aus der Folie 48

Pilz-Gnocchi 133

Pilz-Gulasch, gemischtes 55

Pilzragout, geschmortes 53

Pilzschmarrn mit Schnittlauch-Crème-fraîche 53

Preiselbeeren, kalt gerührte, mit Ingwer 156

Puy-Linsen, aromatische, mit Morchelrahm 72

Rote Bete aus der Folie 49

Rote-Bete-Salat mit Büffelmozzarella 70

Rote-Linsen-Tandori-Salat 107

Salat von Radicchio und zerquetschten Radieschen 62

Schmorgurken 82

Schwarzwurzeln aus der Folie 49

Sellerie, panierter, mit Remouladensauce 51

Snüsch aus knackigem Frühlingsgemüse, cremiger 46

Sobrassada-Feigen 184

Spargel, gegrillter grüner 42

Spargel-Morchel-Gemüse 176

Spargel, panierter weißer, mit Limetten-Aioli 57

Tomatensalat, handgequetschter 63

Tomaten-Sardellen-Salat 145

Trampo-Mallorquine-Salat, erfrischender 45

Vichy-Möhren 139

Waldpilz-Couscous 133

Zucchinigemüse 137

Zwiebel-Feldsalat, marinierter, mit Mortadella 62

Saucen, Dressings und Dips

Asiatisches Dressing 211

Auberginen-Chutney 217

Balsamico-Reduktion 205

Braune Sauce 203

Buttermilch-Dressing 208

Champignon-Salsa mit Bacon 213

Currysauce 200

Dillquark-Dip 104

Dressing, asiatisches 211

French Dressing 208

Gemüse-Vinaigrette 211

Grundsauce 203

Gurkendip 154

Himbeerdressing 210

Hummus 64

Ingwersauce 201

Joghurt-Minze-Dressing 39

Kichererbsenpaste 64

Kräutersauce 201

Limetten-Aioli 57

Limettensauce 201

Mandel-Knoblauchsauce 86, 228

Mayonnaise 228

Mayonnaise-Kümmel-Dressing mit Malzbier 209

Melonen-Gurken-Salsa 212

Mojo-Sauce, grüne 222

Olivensauce 201

Paprika-Salsa 212

Paprikasauce 200

Pestosauce 201

Pilzrahmsauce 207

Pinienkern-Vinaigrette 210

Remouladensauce 51

Rhabarber-Kirsch-Chutney 217

Roquefort-Dressing 209

Rumtopf, Omas klassischer 214

Schnittlauchquark-Dip 167

Senfsauce 201

Steinpilzsauce 201

Tomaten-Chutney 216

Trüffelsauce 201

Waldorf-Salsa 213

Weiße Sauce 200

Zwiebel-Lorbeer-Chutney 216

Schokolade

Käsekuchen-Brownies mit Blaubeeren 291

Schoko-Dattel-Torte, köstliche 285

Schoko-Ingwer-Kuchen 286

Schokoküchlein mit flüssigem Schokotrüffelkern 289

Schokoladendrink mit »Pfiff«, würziger 292

Schokoladenfondue, verstecktes, unter der
   Blätterteighaube 295

Schokoladenmousse 265

Schokoladenmousse, weiße, mit marinierten
   Erdbeeren 296

Schokoladen-Tiramisu, weißes 298